目覚めよ日本人

漆黒の闇の羅針盤 ― 日出ずる國の再生は正史にあり ― Syaku Syorin

―釈正輪◉著

ヒカルランド

プロローグ

令和6年元日に、日本列島を震撼させる災禍が起こりました。

「令和6年能登半島地震」そして翌日2日、羽田空港から被災地に物資を運ぶ予定の、海上保安庁の航空機と、民間航空機とが衝突する痛ましい事故まで起きました。

日本人は明治以降、西洋主義を重んじ、さらに戦後物質主体の方向に傾き、現代は急速に偽りのデジタル化社会を構築し、それが幸福の価値観だと思い込んでしまっています。

今年、令和6年は辰年です。真の意味で龍神が目覚めたのでしょう。

つらいことですが、日本古来から継承されてきた精神性の大切さに、日本人自身が気づくために、大地が動き、政治も経済も揺さぶられ、一人ひとりの心もまた揺さぶられることでしょう。

本当に大切なものは何か？　それが問われる年のはじまりになりました。

震災や事故という不意の災難で亡くなられた方々に、哀悼《あいとう》の意を表します。本当に残念です。ご冥福をお祈りするとともに、被災された方々が一日もはやく平穏な日常を取り戻せることを願ってやみません。

世界を取り巻く環境は大きく変化してきています。祖国日本や日本人も例外ではありません。筆者のように還暦を過ぎた人間においては、昨今のめまぐるしい国内外の情勢には翻弄されます。

そのような世界情勢から、日本という国や日本人とは「何か」を鑑《かんが》みるに、日本人は国是《こくぜ》を経済の発展としてきましたが、代わりに大切な「何か」、すなわち「日本人が日本人たる心」をなくしていく仕儀《しぎ》に胸騒ぎをおぼえるのです。

今こそ、日本国民が「真の豊かさ」を持つべきだと。そうすれば嘘のメディアは淘汰《とうた》されていきますし、国民の幸せを真剣に考え実行する眞《まこと》の政治家が現れます。善《よ》い国、善い社会は、私たちの手でつくっていかなければいけません。

今は情報にあふれ、いったい何が真実で、何を誰を信じてよいのかさっぱりわからなくなっています。

「真の豊かさ」とは、私たちの「生き方」そのものにかかっています。

実際豊かさがないために、すぐれた専門知識を持っていても、消えていく学者著名人はいます。我々僧界においてもしかり。僧侶の心が荒んでいます。

私はそのような人間をたくさん見てきました。拝金主義に陥り黒い金に手を出し、また群がった輩《やから》も一緒に沈んでいく。

日本人が心の豊かさをなくしつつあります。

そこで私は2004年より、全国で講話会を開催してきました。議題は「日本人とは何ものか」「日本国の使命とはいかなるものか」についてです。

理由は、日本人が日本国が「大和《やまと》民族」の誇りを取り戻してほしいという切望からでした。

日本人が長きにわたって最も大切に継承してきた「温故知新《おんこちしん》」(古きをたずねて新しきを知

る）や「不易流行《ふえきりゅうこう》」（変化しない本質的なものを忘れない中にも、新しく変化を重ねているものを取り入れていくこと）の精神は、心を形に表すことで独自な文化を生みだしました。そこにつど、新たな文化を取り入れ、融合両立することで、さらなる日本人特有の精神的な文化を開花させるに至ります。

しかし今日では、古き良き日本文化の伝統の真髄が希薄になり、次々と解体されていくことを危惧します。

若干の標題ぐらいを知るにすぎない筆者の主観ですが、ここではあえて、大和魂の根幹なるものを考察するに、何万年と続いた縄文文明（列島固有の文明だと考察する個人的見解）のアニミズム信仰と、古代の宗教「古神道出雲《こしんとう》」の伝承に焦点を当て、そこから垣間見られる日本の「龍神信仰」を論じ、また地政学的に多民族が交わる日本列島の歴史、さらに、天皇を中心とした国造りを試みた「聖徳太子」の思想と実践を解説してみました。

大和民族における精神の源流には、「釈迦の仏教」が魂の根源として記憶され、大乗仏教が大陸半島から伝播され、独特の仏教観として開花していきました。ところが現在では、大乗仏教は曲折宛転《きょくせつえんてん》し、釈迦の純粋な仏道は皆無となってしまっています。
釈迦本来の仏教を知ることは、世界の救済になると信じてやみません。漆黒の闇を羅針盤なくさまよう混迷とした世界には、釈迦の思想と実践こそが必要なのです。それは、「和イズム」を標榜した、聖徳太子が目指した国造りにもつながります。

これからの日本は、精神的に世界の魁《さきがけ》とならなければなりません。私たち日本人が、この国を知ろうとする智慧《ちえ》（六波羅蜜《ろくはらみつ》）が必要になります。そのためには、釈迦の仏道の実践と、聖徳太子の「和を以《もっ》て貴《とうと》しとなす」精神は、世界を救うと考え本書としました。

したがってこの小編は、愚僧筆者が提唱し、解し得たる限りにおける内容を『目覚めよ日本人』と題し、講話会の一部分を抜粋したにすぎませんが、管中《かんちゅう》より豹《ひょう》を窺《うかが》って（見識が非常に狭いたとえ）もし一斑を看得たものがあるならば幸いです。

令和6年春　横浜にて　釈 正輪　九拝

目次

第3章 出雲《いずも》の伝承

第III部 龍と日本

第4章 「龍神」の考察

第5章 神武《じんむ》天皇考察

第11章　釈迦の奇譚《きたん》伝

第12章　釈迦の予言

第VI部 弥勒菩薩について

第16章 釈迦の後を継ぐ者

ブックデザイン　吉原遠藤
校正　麦秋アートセンター

第Ⅰ部

人生路程

第1章
僧侶として伝えなければならないこと

❖——私の活動について

私は釈《しゃく》 正輪《しょうりん》と申します。僧侶でありながら、日本人や日本国のあるべき真《まこと》の姿とはいかなるものかを、長年追求し研鑽を重ねてまいりました。それにより私は「日本」を再発見するに至りました。

祖国日本はなんと素晴らしい国であろうか！
日本人はなんと寛容な民族であろうか！

結論はそこに至りました。

私は知り得た素晴らしい我が祖国と、そこに悠久の歴史から育まれた民族の話をぜひ、多くの皆さまに知っていただきたいと願い、おおよそ20年前より「講話会」というかたちで、全国でお話しをさせていただいております。

この活動は今でも継続しており、生ある限り、生涯の仕事であることは間違いありません。

この度、私の活動の一端が、本書のような形で、皆さまのお目にとまることは、真に光栄の極みであり、心より嬉しく思っております。

❖――僧侶になるまでの経緯

さて、かく言う私（釈正輪）は何者か？

一言で申しますと、一介の孤高の僧侶であります。多々の僧籍資格もございますが、さりとて、それら宗門に附属し、宗門の僧侶としての活動等は一切行っておりません。そこで宗門からしてみたら、私のような無頼な僧侶は、まさに世にはばかる僧侶なのだと思います。

私が僧侶になった経緯をお話ししましょう。

一般的に僧侶になる者は実家が寺院である場合が多く、その寺を継承することが多いのですが、私はまったく寺とは無縁の環境にありました。そのような私が僧侶になるには、よほどの「仏縁」と「因縁」があったのだろうと思います。

19歳の時に出家するのですが、以来僧侶一筋で生きてきた訳ではありません。さまざまな事情があり、一般社会での生活もしてまいりました。

禅仏教を主体とする短大を卒業し、後に仏教学全般の大学に編入するも、教学に物足りなさを感じ中退します。その後尊敬する師のもとで三年ほど禅の修行をするのですが、突然師より娑婆《しゃば》（仏教でいう世俗世界）での修行をすすめられます。戸惑う私に師はこのように言われたのです。

「そっさん（宗さん＝私の本名は武藤宗英《むとうそうえい》と申します）は寺院の跡取りではないから、住職になるための修行ではなく「自己究明」の修行をしなさい。それができるのは若い時が一番よいのだ。今のお前の居場所はここ（道場）ではない。ここにいてはならない。世俗に身を投じ、一度しっかり世俗の垢にまみれ、心身脱落してきなさい」

若い私には師の言われる意味がさっぱりわからなかったのですが、師の言葉に、並々ならぬ師弟愛を感じたのは確かでした。

一般社会に出るといっても、何をどうするかもわからない私は、師と短大の学長のすすめもあり、私学の高等学校の教師をすることになりました。そこは男女共学全寮制の学校でした。私はそこで教壇に立ち教鞭を取るとともに、寮監《りょうかん》としての責務にも就いていました。そんな折、校内で事件が起きました。生徒に不祥事を起こした同輩の教師を学校側はかばい、私のクラスの生徒を退学させたのです。学園組織の体制に、怒りをおぼえた私は無謀にも争うこととなりますが、他の教師たちは組織に忖度《そんたく》をする始末。その後、私は退職に追い込まれることとなります。

そのような状況の中、私の父親の莫大な借金が発覚し、家財私財が一瞬にしてなくなる事件が起きます。一生かけても返済不可能な借財だけが残りました。さらに負の連鎖とは続くもので、人生の師と仰いでおりました師匠が遷化《せんげ》（僧侶の死）なされたのです。

四面楚歌、目の前が真っ暗になり、この先どのように生きていけばよいのかわからなくなりました。

それ以来、目の前にあるのは生きることだけ、何もする気になれず、おおよそ一年間ほど解体業のアルバイトを続けました。当時を振り返ると滅茶苦茶な仕事で、大型免許もないのに11トンのダンプを運転したり、ユンボ（建設用油圧式ショベル重機）を操縦したりと、昔はそんな無茶ができる時代でした。

しかし借金は消えません。そこで、ない知恵を精一杯しぼり考えたのが営業職に就くことでした。車の営業、不動産の営業、生保損保の営業等、お金になるならば何でもいいと考えていました。そんな時です。短大の同窓会で会った、当時、私を弟のようにかわいがってくれた先輩が大手証券会社に勤めており、彼はこのように言いました。

「武藤、これからは日本の経済が肥大していく、金融関係に就職したほうがいい」

私は彼の言葉通り、金融機関のサラリーマンとなり、新たな人生の一歩を踏み出したのです。

私が就職した会社は、最大手の商事会社でした。そのグループには証券会社がありました。

金融のことなどまったく無知な私でしたが、ここで稼ぐことができて、少しでも借金が返済できるならばと思い、新人の誰よりも先に外務員の資格を得て、毎日毎晩必死に営業をしたものです。

「成せば成る何事も」の諺《ことわざ》のごとく、その甲斐あってか、数年にして借金は全額返済と、また悲願であった自宅を購入するまでになっていました。

業務に至っては営業部から法人部、さらには海外勤務と、幅広く金融のイロハを学ぶことができたことは、今の私に大いに役立っております。

そんな折、東京日本橋蛎殻町の本社に栄転の話が持ち上がってきましたが、実はこの頃、金融の世界に疑問を抱きはじめていました。それは、顧客の喜ぶ顔を見ていないことに気がついたのです。投機の世界は浮くか沈むか、儲けるか損をするかのどちらかしかありません。それが「相場」という博打《ばくち》の世界。会社は顧客がどちらに転んでも、確実に手数料が入るのですから絶対に損はしません。いわゆる、胴元は寺銭《てらせん》が入るのです。我々金融機関はしょせん、担ぎ屋なんだと気がつきました。資本主義とは、合法的な博打の世界だということです。

借財も返済し、念願の自宅も手に入れることができ、仕事に愛想がつきていましたから、辞職の決心をしていた時でした。クライアントの会社経営の男性から、新事業の誘いを受けたのです。その男性は町工場を営んでいましたが、工場のシステムの便宜上、工作機械を自作していました。その工作機械が斬新なもので、その機械を製造販売するための新会社を共同で設立するに至り、男性が代表取締役、私が専務取締役というかたちで株式会社を設立いたしました。

設立から半年後、会社は時流もあり売り上げを伸ばし、初の決算が7億を計上するまでとなりました。その後、2年、3年と、売り上げは倍々となり、NASA（アメリカ航空宇宙局）の関連会社にも導入されるなどし、一気に知名度が上がり、業界では知らぬものがないくらいの有名企業となり、ベンチャー企業としてメディアにも掲載されたり、TV等にも数々出演いたしました。

その後会社は資本金を増資し、高層の新社屋を建設、従業員も一気に増えました。

売り上げは安定的にあったものの、代表取締役の男性と専務取締役の私との間に、営業を巡る意見の食い違いが出るようになり、それが発端で、代表派閥、専務派閥なるものができ、私はそれ以上の争いを避けるために辞任し、すべての株式を代表取締役に譲渡し、会社を去りました。

その会社はまだ存続しています。

サラリーマン、会社経営等を経験するも、やっと僧侶一筋に戻ることができました。長い道のりではありましたが、娑婆世界を生身で体験できたことは有意義な経験であり、抜《ばっ》苦与楽《くよらく》の世の中において、僧侶の立場から衆生救済の参考となっていることは事実です。

❖——5人の師匠と回峰行《かいほうぎょう》

決心を固め僧侶の道に戻ったのですが、先に述べましたように、師はすでに遷化なされています。師の宗門では、他に高僧と呼ばれる師家（禅の指導者で老師ともいわれる）は多々存在するのですが、私にとっての師は一人でした。

その後、師を求めるための彷徨《ほうこう》が始まります。

雲水時代の著者

そこで私は約1年間ほど托鉢行脚《たくはつあんぎゃ》の旅に出ました。北は青森県下北半島から、南は鹿児島県の開聞岳《かいもんだけ》までと。また親戚の従兄弟を介して2か月間、ニューヨークで最も貧困な地区といわれる、ニューヨーク・サウスブロンクスで、ドミニカ共和国から移住してきたという、ラテン系のマザーの家に滞在して、やはり毎日ニューヨークの街並みを托鉢して歩きました。

帰国後、私はまた托鉢の旅に出ました。誓願をたて、5月から始めたこの托鉢は、すでに10か月を過ぎようとしていました。

早春の3月の中頃でした。西国33か所、最後の巡礼地、美濃（岐阜県）の谷汲山華厳寺《たにぐみさんけごんじ》でのことでした。

参拝を終え参道を下っていますと、一人の老僧が道の脇に腰掛けていました。私は思わず近寄り、その方に声をかけたのです。私のことに気がついたその僧侶は、私を見るなりにこりと微笑んでくれました。隣座する失礼を許していただき、御年《おんとし》を尋ねました。聞けば七十六の老僧だと言われるではありませんか。私は托鉢の経緯をお話しするものの、その方は自身のことは話をされませんでした。ただ一言「悟後《ごご》の修行」をしているとぽつりと言われ、別れ際に、「ご縁があれば訪ねてきてください」と、自坊の住所と電話番号を、旅の途中で戴いたと言われる和菓子の包装紙の裏に書いて、渡してくださったのでした。

おおよそ1年間の旅を終えた私は、その老僧から渡された一枚のメモが気になっていました。そしてその老僧を訪ねる決心をしたのです。それはまさに仏縁でした。

訪ねた先は和歌山県の高野山でした。高野山には数回行ったことがありましたが、その方のお住まいは、高野町からかなり離れた、俗に「裏高野」と呼ばれる場所に、小さな庵を構え住んでおられました。話をうかがうに、老僧は御山（高野山のことを「おやま」と呼ぶ）では有名な大阿闍梨《だいあじゃり》であり大僧正でもあり、数年前までは山内の大寺院の住職と、本山（金剛峯寺《こんごうぶじ》）勤務を兼務され、高野山の管長にも任命されたというのですが、本人曰く、名誉栄達の世情は自分には合わないとの気持ちから、今ではここに独りで住んでいるとのことでした。私はこの方こそ次の師匠だと直感し、そのまま居座ることにいたしました。

そこでは、まったくの小僧生活を送りました。山で薪《たきぎ》を拾い、川に水を汲みに行き、炊事その他の雑務を熟《こな》しながらも、真言密教のイロハを直伝していただきました。
5年の歳月が流れ、その師匠は御遷化なされました。また師を求め私の彷徨が始まります。しばらくすると、また新たな仏縁を頂戴することとなるのです。

あることがきっかけで、父方のルーツを調べることになりました。今まで家系のことなど、まったく関心がなかった私でしたが、これも因縁というものなのでしょう。

父方（武藤）の7代前と6代前の祖先が、僧侶であったことがわかりました。しかも7代前の先祖は高賀山《こうかさん》（岐阜県郡上市と関市にまたがる越美山地《えつみさんち》東部の標高約1224mの山）の開山《かいさん》だということがわかったのです。僧名を慈海了空阿闍梨《じかいりょうくう》といい、高賀山の千日抖擻行《せんにちとそうぎょう》を二度満行《まんぎょう》したと伝わっています。5代前は禅海道喜禅師《ぜんかいどうき》という禅宗の僧侶でした。

そこで私は遠縁にあたる、高賀神社【*1】第39代宮司、武藤三郎師の指導のもと、故郷の高賀山で千日の回峰行をする決意をいたしました。

回峰行を終えた私には、次々と人の縁が舞い込んでまいりました。

中でも私の信者様のお一人から、抜苦与楽のために寺院を建立したいとの意向があり、私に住職になってほしいとの依頼がありました。私は喜んで引き受けました。

寺院建立地は、信者様の仕事先である、大阪府豊中市で、平成7年3月に落慶法要を営み、令和元年までの24年間、住職をしておりましたが、その後、京都市内に建立した寺院の再興に力を注ぐため、大阪の寺院は譲渡いたしました。

寺院建立には時間を要します。その間のことを考えていた時です。仏縁とは実に不可思議なもので、今度は他宗と縁を持つことになりました。

紙幅の関係上、細かな経緯は割愛いたしますが、新たな仏縁は天台寺門宗でした。四国の別格本山を師匠寺とし、私は天台の僧侶として再出発しました。そこでは修験道を学ぶことができ、奈良県の大峰山《おおみねやま》の「奥駈《おくがけ》」に毎年参加し、後に本山布教師の資格を得て、全国の配下の寺院で布教をする機会にも恵まれました。そんな折、事件が発生するのです。

大阪市内に建立した寺院を巡り、本山とトラブルが生じました。私にはいわれのない内容でしたが、会報誌の除籍の一文から、一方的な本山宗務の対応に、仏教の闇を見た思いがし、反論する気力も失せ、法的な異議申し立てをすることもなく、自ら宗門を去りました。後に聞いた話ですが、他言できるような話ではなく、極めておぞましい内容でした。
しかしそれは結果的によかったのです。

‖曹渓宗得度式の様子

大阪に寺院を建立したことをきっかけに、在日の韓国人の住職とご縁ができ、韓国にある曹《そう》渓宗《けいしゅう》の大本山に出向くことになりました。そこで私を待っていたのは、深縁な仏の計らい、とでも申しましょうか、本山の大宗生（管長）は、私を仏門へと誘ってくださった、あの最初の師と竹馬の友でした。大宗生が若かりし頃、京都妙心寺の僧堂（禅の道場）にて、師とともに、おおよそ20年間修行に明け暮れた、よき同胞であったというのです。

そのような縁から大宗生は私に、韓国の禅も学んでみてはいかがとお誘いくださり、私は大宗生を新たな師と仰ぎ、韓国の禅を学ぶことになったのです。

そこで私は「釈正輪《しゃくしょうりん》」という新たな僧名をいただきました。私の本名は「武藤宗英《むとうそうえい》」と申しますが、また僧名でもあります。現在釈正輪と名乗り活動をしているのは、その名前に由来する意味に、大変感銘を受けたからです。

師はこのように仰られました。

「日本人や韓国人、そして分断された北朝鮮人は、皆、同胞であり兄弟である。しかし三国は、このようにとても遠い国の関係になってしまった。あなたはこの三国を結ぶ活動をしなさい。そして、人と人との正しい輪をつなげ広げなさい」

私はその言葉通り自負心を抱きながら、現在活動しております。

師は私に、大切な民族の歴史を教え、5年後に遷化なされました。

釈正輪の歴史の探求と研鑽は、民族の平和を願う、師の慈愛による影響が大きく、これを機に国内外の正史を訪ねる、生涯懸けてのもう一つの人生の旅が始まったのでした。

＊1【高賀神社】717年（養老元年）創建。岐阜県関市洞戸《ほらど》高賀山の麓にあり、二十三柱もの神々を祀る「高賀山信仰」における中心的な社（高賀山六社）の一社である。藤原高光による妖魔退治伝説でも有名。

第2章

日本文化の再構築

❖――日本文化の実践・眞日本龢法《まことのやまとわほう》について

私が成すべきこと、使命だと感じて活動してきたことの一つに、日本文化の実践があります。それを〈眞日本龢法《まことのやまとわほう》〉と名づけました。

十代より長年続けてきた、茶道や華道に疑問が生じます。多くの日本人が、古来より日本独自の作法を嗜《たしな》むも、日常の生活の中に、ほとんど役立っていないことに気がついたのです。

その昔、日本人全体が礼儀作法を必要不可欠として学んでいましたが、現在ではひと握りの方の、趣味程度の範囲となっています。辛辣な言い方ですが、これは事実なのです。

日本の芸道には古来より「家元制度」というものがあります。流派の正統としての権威を受継ぎ、一流一派の門弟を統率する統宰者であり、その家元が免許状発行権を独占します。

それはそれで、日本文化の一つの潮流としては決して間違いではないのですが、では現在、それらの「所作」は、日本人全体の日常生活に機能しているか、といったら機能していないのが現状です。


私は仕事柄、さまざまな文化芸能、武芸百般の当主や、師範、教授といわれる方々にお会いすることがありますが、このお方がお家元、先生とは、とても思えない振る舞いをされることがあります。

これは実際にニューヨークで見かけた光景です。その方は少し前までテレビにもよく出演されていた、有名な茶道や華道の研究家で、ご自身でも教授されておられる女性の方ですが、ニューヨークの5番街の交差点を着物をお召しになり、颯爽と渡っておられました。普段日本におられる時はたぶん、清楚な雰囲気で歩いておられるのでしょうが、そこでは鞄を腕に掛けるのではなく、掌《て》に鞄の持ち手を握り締め、大手を振って大股で歩いていました。

私はそれを見るなり「美しくないなぁ」と思いました。人前で見せるには、意図的にきれいな振る舞いはできても、日常生活の中ではそれがまったくできない。つまり根本的に身についていないのです。

外国の人たちはそれを見ても、美しいとかきれいだと言うのでしょうが、それは、着物そのものが珍しく、また古くからの日本文化である、茶道や華道、舞の先生だという認識が働いているからです。でも私から見たら、これが日本の「和」の文化だと思われたら困るなと、どこかで感じたのです。

私は僧界でも組織に合わない人間なのですが、茶道や華道をはじめ、他の芸能や武道界等、日本文化の形骸化した現況に、とても違和感を感じたのです。

そこで、一般の人たちに、もっと広く浅くでもいいから、日本文化に慣れ親しんでもらいたい、またあまり敷居が高いのも良くないとの考えから、まずは気楽に嗜《たしな》んでもらえるような、現代社会の中で生かすことのできる「觧法」を考えました。

❖――眞日本솝法とは

古来より日本人が培ってきた「所作」はいまや我が国が誇る伝統文化となり、「日本人の心」となっています。また世界の人々はそれを賞賛しています。〈眞日本솝法〉では、この心を純粋に継承し、形態は「温故知新」をもって、未来に存続させていくことを旨としております。

さて、「眞日本솝法」の「솝」の意味ですが、7世紀に使用された最古の文字で、聖徳太子が制定した「十七条憲法」の第一条、「솝（和）を以て貴しとなす（わをもってとうとしとなす）……」の一文に記されています。

「솝」の文字には、稲「食」があり、屋根「場」があります。日本という国は、さまざまな人々が続々と渡来し、人種や宗教、イデオロギー等の壁を越え、ともに同じものを食し共存し合う「和の心」で構成されています。

〈眞日本솝法〉では、一子相伝を奥義とするも「身心一如《しんしんいちにょ》（心と身体は同じ）」を極意とする

ため、その形態は「日本仏教」の伝統的な所作を基軸に「禅」の規範を随所に取り入れているのが特徴です。

礼儀は格式のあるものでなければなりませんが、昨今の礼儀は簡略化され、作法は形式を整えるだけの礼法となりました。

本来礼儀作法の神髄は「相手を思いやる心」でなくてはなりません。日本の儀礼は、仏教の「慈悲」と、儒学の「五徳（智・信・仁・優・厳）」が日本の「山紫水明《さんしすいめい》・雪月花《せつげつか》」といった四季を通した自然観と融合し、また調和を保ちながら「山川草木悉皆成仏《さんせんそうもくしつかいじょうぶつ》　悉有仏性《しつうぶつしょう》』といった、独自の思想に開花したものです。それを「武士道」と申します。

「武士道」とは、道元禅師【*1】がいうところの

仏道をならふというは
自己をならふなり
自己をならふというは

自己をわするるなり
自己をわするるというは
万法に証せらるるなり
万法に証せらるるというは
自己の身心および　他己の身心をして
脱落せしむるなり
（正法眼蔵《しょうぼうげんぞう》現成公案《げんじょうこうあん》）

つまり日本人の礼儀作法とは、相手を主体とし、己の自我を抑制する心の術でもあります。人を思う気持ちをどのように表現し伝えるかを研鑽することでもあります。

〈眞日本䶘法〉では、相手に敬意を払う心と、自身を慎む謙虚な心を「禅」と「武士道」の所作から学び、日本人が大切にしてきた「和」の心を、最も凝縮した形として表します。美しい仕草は美しい生き方につながります。凛とした美しい所作は、緊張と和みをもたらします。〈眞日本䶘法〉では、所作を簡素化し、臨機応変に対処する「美」こそ、最も美しい生き方の所作としております。

【許状《きょじょう》】

入門・草伝（初伝）・行伝（中伝）・真伝（奥伝）・教師（斎号）・師範（僧名）

〈眞日本󠄀鮴法〉の基本は「真」「行」「草」の三形にあります。

礼儀は日常生活に取り入れてこそ意味があります。

所作が変われば体が変わります。体が変われば態度が変わります。態度が変われば生活が変わります。生活が変われば人格が変わります。

人格が変われば運命が変わります。運命が変われば人生が変わるのです。

〈眞日本鮴法〉では特に食事の作法と掃除をうるさく言います。それは欲望を満たす行為から、モノや命の尊厳を知り祈り、敬意を表さなければならないと考えるからです。モノや心を磨きつづけ、感謝を表す作法が〈鮴法〉なのです。

眞日本躰法稽古の様子
上：茶道礼法・下：武道礼法

＊1【道元】鎌倉時代初期の禅僧。日本における曹洞宗の開祖。

第Ⅱ部

古代日本史検証

第3章　出雲《いずも》の伝承

❖——古代出雲について

「出雲大社《いずもおおやしろ》」の伝書についての話ですが、ここからの話は、古くから奥出雲に住む、80歳前後の農夫から聞いた話です。同じ出雲の旧家である富家《とび》の口伝には、イズモ族は紀元前1500年から1000年に、日本列島の本州の北の方に移動してきたとの伝承があるというのです。おもしろいことに、彼らイズモ族は「鼻の長い動物の住む国から来た」とのいい伝えがあるそうです。

「鼻の長い動物の住む国?」「それはインドだ」誰もがそう答えるでしょう。そう、その鼻の長い生き物は象。つまり象が住む国とは現在のインド共和国。

ちなみに、古代出雲の神殿「古代出雲大社高層神殿」は、象をかたどったものではないかと論説する学者もいるほどです。なるほど！

さらに話を続けると、古代のインド亜大陸（以降インドと表記する）は、多数の国に分かれており、後にイズモ族と呼ばれる民族は、インドのほぼ中心部に位置する、クナ国という小王国に住んでいました。

クナ国の王はクナト王と呼ばれ、ドラヴィダ人に属するこの民族のことをクナ族と呼び、クナ国は、現在のインド、マディヤ・プラデーシュ州のグナー県あたりではなかったかと考察できます。

このマディア・プラデーシュ州は、インドのほぼ中央に位置しています。

大学で古代インド史を専攻した私の蘊蓄《うんちく》をいうと、紀元前２３５０年から１８００年頃の間、この地域（今のインド・パキスタン・アフガニスタン）では、通説で四大文明とされる一つ、インダス文明が栄えます。この文明を築いたのがドラヴィダ人であり、古代初期にインド全域に住んでいたのもドラヴィダ人です。ところが紀元前１８００年以降から、インダス川の大洪水による河川流路の変更や砂漠化など、さまざまな理由によって衰退期を迎えます。また同時にこの頃から、西北イラン高原で遊牧をしていた騎馬遊牧民族のアーリア人は、森林の樹木を切りはらいながら勢力を広め南下します。そのため、ドラヴィダ人は南下を余儀なくされたのです。アーリア人は狩猟牧畜民族ですが、ドラヴィダ人は農耕民族であり、農耕民族は母系を中心とした家族的社会体制を敷くので、民族的には争いを好みません。しかしアーリア人の場合、父系を中心とした領土拡大の社会体制を築いているので、戦闘的な民族になるのもやむを得ないことだと考察します。

先の奥出雲の農夫は続けて語ります。「祖父からの話なので定かではないが、イズモ族は、はるかなる台地を渡り、砂の平原を通り、広い湖の近くから、長い川を流れ下ってきた」と聞いたそうです。

さて「はるかなる台地」や「砂の平原」とはどこのことか？

人間の本能的習性ともいえるかもしれませんが、人は日出る東の方角、たとえば磁場を感じるような感覚処理をする能力があるために移動する傾向があると私は考えます。とすると、はるかなる台地とは、インドの中央に広がるデカン高原をさし、砂の平原とはゴビ砂漠のことであろうと考えられます。さらに「広い湖」とはバイカル湖であり、その延長で考えるに「長い川」とはアムール川（黒龍江）だと思うのです。

❖——イズモ族が、ロシア経由で日本列島に入ってきた

私は過去に、ロシア連邦共和国の構成国であるブリヤート共和国の首府ウラン・ウデに行ったことがあります。ウラン・ウデはモンゴルの国境からおおよそ２００km北に位置し、バイカル湖からは２００kmと中間地にあり、モンゴルの首都ウランバートルから約４３８kmの距離ですが、モンゴル大平原を越え、シベリアン・ツングースの白樺大地を車で走りました。目的はウラン・ウデ市内にあるチベット寺院、チベタン・ダッツァンセンターへの大念珠奉納と、第２次世界大戦後、多くの日本兵が連行されて強制労働（東シベリア抑留）に従事させられ、亡くなった犠牲者の墓地での供養も兼ねてのことです。

実はウラン・ウデで夕食をとっていた時でした。突然隣の席に居合わせた、ブリヤート系ロシア人の老夫から話しかけられたのですが、ロシア語がわからない私には、さっぱり聞き取れません。しかし言葉の中で「きったん」とか「ぐな」といった言葉が頻繁に聞こえます。ひょっとするとそのロシア人の言う「きったん」とは古代の国「契丹」であり「ぐな」とは「グナ、

クナ」のことではないかと、あれ以来気になってしかたがなかったのです。
ウラン・ウデの中心部には、巨大なレーニンの頭部の銅像があります。

クナ国（イズモ族）の人々は大陸を離れ、陸路と海路を経由して東の方面へと離散します。一部の人々は大航海の末に、また一部の人々は陸路を経て日本列島へ辿り着いたと考えます。陸路を経由したイズモ族は、熱砂のゴビ砂漠を越えると、次に待っていたのは極寒の地、シベリアの冬でした。冬を避けて、春から秋にかけて移動し定住した移住者たちもいたでしょう。しかし人はさらに東へ東へと移動します。

禅家には「達磨は何故、東に行ったか」6世紀に達磨大師がインドから中国へと渡来したことの意味を問う、禅問答の公案〝祖師西来意《そしせいらいい》〟（達磨大師が西方から来たわけ）を問答するのですが、ここでは雲水《うんすい》（禅の修行僧）の見性《けんしょう》（悟り）の有無は別として、単純に人間は、東を求めて移動を繰り返す習性があるということです。

『日本語とタミル語』（新潮社）の著者であり、言語学者の大野晋氏は、古代の日本語（ヤマト言葉）がドラヴィダ語系から発生したタミル語の単語や文法に類似することから、イズモ族が古代インドから来たと論じています。

タミル人（タミール）は主に、南インドのタミル・ナードゥ州やスリランカの北部・東部に住み、タミル語を話すドラヴィダ系民族で、私のスリランカ民主社会主義共和国の友人たちは皆、タミル人です。

このことからもわかるように、イズモ族と呼ばれる人々の系譜は、インド中央部に住んでいたクナ国人で、ドラヴィダ人系に族するタミル人だと私は考えています。

❖——クナ国と仏教の因縁

インドのマディヤ・プラデーシュ州都ボーパールの北東46㎞に丘陵の村サーンチーがあります。

私も過去に二度、現地に赴いたことがあります。40度以上の熱帯性湿潤気候を連想するインド独特の気候のイメージとは違い、10月から3月までの乾季はとても過ごしやすい地域です。

2年前(2022年)の11月にもまた、スリランカ大菩提会が主催する仏教セレモニーに参加いたしました。

サーンチーには多くの仏教遺跡が残っており、初期仏教(上座部仏教)の遺跡のみならず、大乗仏教遺跡の仏塔・寺院などが多く存在し、1989年には世界遺産に登録されています。

この地はインド古代史の上で最初の統一国家マウリア朝の最盛期に導いた第3代アショーカ王が築いた仏教聖地で仏教に深く帰依《きえ》しています。アショーカ王は紀元前3世紀にインド亜大陸をほぼ統一し、領土全域に約8万4千ものストゥーパ(縦型卒塔婆《そとうば》)とチャイティヤ(円形祠堂)を建立したといわれています。特にサーンチーは、12世紀まで仏教の中心地として、数多くのスゥトーパや寺院、僧院が建立されていますが、中でも第一ストゥーパは、アショカ王が釈迦の遺骨(仏舎利)を収めるために建立したもので、天辺には傘蓋《さんがい》の丸い三重の塔があります。それは現在・未来・過去の3世を表す意味だそうです。

蛇足ですが、アショーカ王柱は錆びない鉄柱のオーパーツとして人気を得ています。

また一説には、最愛の王妃デヴィがサーンチー出身であるため、アショーカ王はこの場所を選んだともいわれています。

❖――鳥居と狛犬《こまいぬ》

興味深いのは、ストゥーパの周囲東西南北には、トラナといわれる日本の神社の鳥居に似た塔門が立っているのですが、私は鳥居の起源ではないかと考えています。

日本仏法最初の官寺といわれる四天王寺にも同様に、寺社の四方に鳥居が設置されているのは単なる偶然とは思えないのです。

サーンチー仏教遺跡。
鳥居に似た塔門（トラナ）が立っている。

さらにストゥーパの周囲には、欄楯《らんじゅん》という石の柵で囲んだ礼拝用の回廊《かいろう》があり、その昔人々は、このストゥーパの周りを右に3回回って礼拝したといいます。どうでしょう。大祓いの茅の輪くぐりに、似てはいないでしょうか。

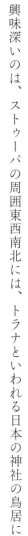

そして、インドから中国、朝鮮半島を経て仏教が日本に伝来するとともに仏像は入ってきました。同時に神を保護する獅子2頭（後の狛犬）を仏像の前方に配置する習慣も伝わります。

❖――獅子が狛犬に変化した過程

古代エジプトのピラミッドの前にスフィンクスが置かれているように、神社の社殿前にも狛犬が置かれているのを当たり前のこととして普段目にしている私たちですが、よく見ると口が開いていたり閉じていたりしています。

しかし、仏教が伝来した当時は、口を開けた獅子として配置されておりました。時を経て平安時代になると、向かって右側が口を開ける獅子、左側が口を閉じる獅子となり、後に狛犬へと変化していきます。

これは始まりと終わりを表す「阿吽《あうん》」や「陰陽」を表すなど諸説ありますが、さまざまな国から渡来した思想や文化、霊獣《れいじゅう》、眷属《けんぞく》などから影響を受けて多様化し、さらに日本独自の風土にまとめられて現在の姿になっていったと思われます。

第Ⅲ部

龍と日本

第4章　「龍神」の考察

❖――日本國は龍神の国

大切なお話をいたします。

日本は龍神の国であり、龍体だということは、多くの方々が仰っていますが、私はそれを10年以上も前から、講話会で話してきました。それは感覚でお話をするのではなく、裏付けをもとに、話をしてまいりました。日本国内はもちろん、朝鮮半島の北や南、中国やモンゴル、ロシアやアメリカなどを幾度も巡り、現地では多くの方々から情報をいただき、さらに資料等をもとに精査したものを、今回は総括として皆さまにお伝えいたします。

惟《おもんみ》れば、つくづく日本という国は、龍の国、龍神がおわす国だと思うのです。日本において「龍神信仰」というものが歴史上に見えはじめたのが、平安の初期といわれています。それ以前の日本には、蛇信仰というものがありました。この頃を境に、蛇と龍は同じという考えが広がっていきました。ちなみに、注連縄《しめなわ》は2本の縄が絡み合う形状をしていますが、これは2匹の龍神が交尾している様子だという説もあります。

龍は古《いにしえ》より天と地をつなぐ神の使いの存在でした。その象徴が雷です。雷は別字「神鳴り」とも表記されます。神という字は祭壇の形を表し、神の漢字を編と旁《つくり》に分けますと、編は示すで神が示す、旁の申すは稲妻がのびる形を描き、神が人間に神託を示して申す。遣いとして、神は龍を使役《しえき》します。

龍は雷鳴とともに地上に降り、また天空に昇り、神と人間の橋渡しをするのです。

❖――弧状列島・日本

ご存じの通り日本列島の形は弓なりに曲がっています。このような地形を弧状《こじょう》列島といいます。

日本列島とその周辺には、海側の太平洋プレート、フィリピン海プレート、そして大陸側のユーラシアプレート、北米プレートがあり、互いに近づいていることがわかっています。

日本列島は、プレートの地殻変動によって、このような形になっていますが、それゆえにまた地震が多くもあり、こういった形態は日本國だけなのです。

この弧状列島の形は自然にできたのですが、主観的に見ると、たしかに龍体の形に見えます。タツノオトシゴのようにも見えます。形が示すように、日本列島は龍体を表し、私観的には龍と深い縁がある国だと思います。

これは古神道の思想観で、古来より口伝で伝承されてきたことですが、日本列島は北海道を頭に、九州をお尻と見たときには「昇《のぼ》り龍」を表すそうです。逆に九州を頭に、北海道をお尻と見た場合「降《くだ》り龍」を表すそうです。これは少々強引な言い方かもしれませんが、龍体形のどちらを頭と見るかによって、昇り龍となるか降り龍となるかは違ってきます。

日本列島の沿岸には、さまざまな海流が流れています。日本海側では、南から北に向かって、暖流の対馬海流が流れています。北からは寒流のリマン海流が流れています。潮の流れとしては、暖流の対馬海流のほうが勝り、また太平洋側においては、南から暖流の日本海流の黒潮が流れ、北からは寒流の千島海流の親潮が流れています。

一般的に親潮は流れとしては弱く、流速値は高々50㎝/s程度であるといわれますが、しかし、流れの層は厚く、流量としては黒潮に匹敵すると考えられています。

潮の流れをもって、龍の動きと察するに、日本列島を中心に、日本海側を「昇り龍」、太平洋側を「降り龍」と、双龍は陰陽をかたどっています。

第5章 神武《じんむ》天皇考察

❖——神武天皇はまさしく龍神だった

日本の最初の天皇は「神武天皇」ですが、この神武天皇は龍神の孫だという話をご存じでしょうか。

日本神道《にほんしんとう》の「史書」であり、「神典《しんてん》」といわれる文献の代表作には、『日本書紀』『古事記』『風土記』（古風土記）『古語拾遺《こごしゅうい》』『先代旧事本紀《せんだいくじほんき》』『新撰姓氏録《しんせんしょうじろく》』などがあります。そのうちの『先代旧事本紀』には、神武天皇は頭に角があり、鱗《うろこ》の尾を持った姿で描かれているといわれています。

その神武天皇の母君は「玉依姫《タマヨリヒメ》」という母神でした。

玉依姫は別名、玉依毘売命《タマヨリヒメノミコト》（玉依姫尊《タマヨリヒメノミコト》）などとも呼ばれています。

神話の世界で玉依姫は複数登場します。

そもそも玉依姫というのは、タマ（神霊）がヨル（依る）女性という意味で、神と結婚する巫女《みこ》的な女性を意味する一般名称ともいわれています。

❖――玉依姫の話

さて、玉依姫には姉の「豊玉姫《トヨタマヒメ》」がいましたが、その豊玉姫は山幸彦と結ばれます。この二柱の神から生まれたのが、「鵜葺草葺不合尊《ウガヤフキアエズノミコト》」の神でした。

しかし事情により、鵜葺草葺不合尊を育てられなくなった豊玉姫は、妹である玉依姫に我が子を託すことになり、玉依姫は乳母《めのと》として、豊玉姫の子を育てることになりました。

鵜葺草葺不合尊からみると、玉依姫は叔母になりますが、後に鵜葺草葺不合尊は叔母である玉依姫と夫婦になるのです。そうして四柱の御子、五瀬命《イツセノミコト》、稲氷命《イナヒノミコト》、御毛沼命《ミケヌノミコト》、神倭伊波礼毘古命《カムヤマトイワレビコノミコト》を産みますが、この最後の神倭伊波礼毘古命こそが初代天皇である、神武天皇となるのです。

いかがでしょうか。日本の神々の恋愛観や夫婦観は、実に自由奔放だったといえます。

事実、日本神道の根幹の祝詞《のりと》（しゅうし・しゅくし）「大祓え」の中には、そのようなすべての穢《けが》れを、半期に一度リセットする文言があります。

❖――海神・綿津見神《ワタツミノカミ》

海神・綿津見神には、三柱《さんはしら》の娘がいました。姉の豊玉姫と妹の玉依姫、そして頗梨采女《はりさいじょ》（はりさいによ）です。そこでこの綿津見神について説明いたしましょう。綿津見神は綿津見宮《わたつみのみや》に住むとされ、この綿津見宮こそ、あの、おとぎ話の「浦島太郎」の話の中に出てくる「龍宮城」なのです。

綿津見宮をひらがなにしますと「わたつみのみや」と書きますが、その中に、たつみ（辰巳）の文字があります。つまり綿津見神は龍神なのです。

なぜ龍宮城かといいますと、綿津見神は仏教の守護神「八大龍王」の三番目に登場するナーガラ龍王だからです。

ちなみに八大龍王とは、『妙法蓮華経《みょうほうれんげきょう》観世音菩薩普門品《かんぜおんぼさつふもんぼん》第二十五に登場する、仏法を守護する天龍八部衆に属する八王をいいます。霊鷲山《りょうじゅせん》にて釈迦の教えに耳を傾けた結果、「阿耨多羅《あのくたら》三藐三菩提無上正等正覚《さんみゃくさんぼだいむじょうしょうとうしょうがく》」を得て、護法の神となるのです。

一　難陀《ナンダ》龍王
二　跋難陀《ウパナンダ》龍王
三　娑伽羅《ナーガラ》龍王
四　和修吉《ヴァースキ》龍王
五　徳叉迦《タクシヤカ》龍王
六　阿那婆達多《アナヴァタプタ》龍王
七　摩那斯《マナスヴィン》龍王

八　優鉢羅《ウツパラカ》龍王

綿津見神は龍宮の王であり大海龍王ともいわれ、綿津見神の娘である玉依姫は「龍女」なのです。

❖——海人族の末裔　「阿曇《あずみ》」氏

海神を祖とする古代氏族が日本には存在します。海人《あま》族である「阿曇氏」です。阿曇氏の縁の地とされている「志賀海《しかうみ》神社」は、別名「龍の都」と称えられ、全国の海神を祀る総本社といわれています。

志賀海の海とは海神を表しているのですが、重要なのは、志賀海《しかうみ》の志賀《しか》なのです。それはすなわち「鹿」を意味するからなの

‖志賀海神社と敷地内の鹿の像

です。

古代志賀海神社では、鹿を祀る「鹿族」と龍神を祀る海人族「志賀族」が、ともに祭司を行ってきました。

それでは鹿とはいかなる意味を持つ存在なのでしょう。

それを紐解く大事な文言が、古史である万葉集の中に隠されています。万葉集には海神のことが書かれている和歌があります。

ちはやぶる　金之三崎を　過ぎぬとも
吾は忘れじ　牡鹿《しか》の皇祖《すめがみ》

皇祖《こうそ》とは天皇家の祖とされる神という意味です。

これをふまえ鑑みるに、龍神の血統が、神武天皇につながっていることを示しています。

また神武天皇は鹿の神でもあるといえます。

龍の絵に描かれている角は、実は鹿の角なのです。奈良県の春日大社や茨城県の鹿島神宮内には鹿が放たれています。つまり鹿は陸に上がった龍を表す存在だということなのです。

極東アジアには四神相応《しじんそうおう》なる陰陽《おんみょう》思想がありますが、本来は五神の神獣である「麒麟《きりん》」を加えた、五神相応の思想でした。この麒麟の漢字の「編」は鹿です。しかも麒は雄を、麟は雌を意味するのですが、雌雄合体した神獣が麒麟なのです。

麒麟の顔は龍そのものであることからも、鹿と龍の双方が同じであるということです。

志賀海神社の鹿と龍が配された電灯

❖――青龍と龍王

彦火火出見尊《ヒコホホデミノミコト》（初代天皇の神武天皇）は、龍の腹から生まれており、日本神話に登場する高志《こし》（後の越《こし》）の八岐大蛇《やまたのおろち》、海神の八尋和邇《やひろのわに》の龍宮が現在に伝わっています。もともと日本にあった自然を神として崇拝する信仰と中国から伝来した文様や中国の龍とが融合して日本の龍となっています。四神・五獣とつながり、特に青龍は古墳などに現在の姿で描かれているのは有名です。神話の八岐大蛇伝説と仏教の八大竜王伝説などが習合した倶利伽羅《くりから》龍、九頭龍《くずりゅう》、善女竜王《ぜんによりゅうおう》（清瀧権現《せいりゅうごんげん》）の伝承も有名です。玄武ともつながり、北の越国《こしのくに》などあたりの龍を黒龍としました。また、蜃気楼《しんきろう》に龍宮・霊亀蓬萊山《れいきほうらいさん》が現れると吉祥とされています。

その昔、治水や灌漑《かんがい》技術が未熟だった時代には、河川の氾濫《はんらん》や旱魃《かんばつ》が続くと、龍神に食べ物や生け贄《にえ》を捧げたりしていました。その象徴が、神道では櫛名田比売《クシナダヒメ》等として語られ、仏教では、高僧が祈りを捧げるといった雨乞いの行事が行われていました。神泉苑（二条城南）で空海が祈りを捧げて善女竜王（清瀧権現）を呼び、雨を降らせたという逸話が有名です。

また、剣は、炎の龍の化身とされており、八岐大蛇から生まれた剣は天皇であることを表す神器として伊勢神宮（後に熱田神宮）に天叢雲剣《あめのむらくものつるぎ》（後に草薙剣《くさなぎのつるぎ》）が祀られ、また、守り神とされ、中世頃には刀剣、兜《かぶと》に龍をかたどり戦が行われていました。

龍のモチーフが施された日本刀

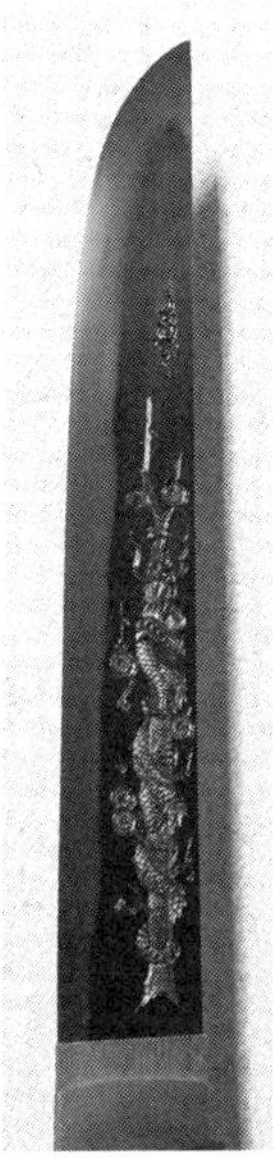

私も剣術を嗜む関係から、刀剣も収集しておりますが、私の日本刀の棟《むね》には、龍の刀身彫刻があります。

❖――信濃国三宮と安曇《あずみ》氏

長野県では諏訪大社、生島足島《いくしまたるしま》神社、穂高神社と合わせて信濃三社と呼ばれることもあります。神名帳（927年に選定された延喜式）によると、長野県安曇野市にある穂高神社は、古くから日本アルプスの総鎮守であり、創始に安曇氏が由来するとあります。

その穂高神社で行われる最大の祭りが「御船《おふね》祭り」といわれているのですが、海から程遠い安曇野の山岳地域に、船の祭りがあることが興味深いと思います。

穂高神社の御本殿の上の千木《ちぎ》と鰹木《かつおぎ》は通常のつくりと違っており「穂高造り」と呼ばれ、船の帆柱《ほばしら》を表しているといわれるところも、海との関連性を彷彿させています。

さらにこの地域には「エゴ」とか「イゴ」と呼ばれる独特の食べ物があります。これは、福岡県の郷土料理では「おきゅうと」と呼ばれる、エゴ草の海藻で作った寒天と同じものですが、海の食べ物が、この地で食されているのも、安曇氏が海人であった証拠ではないかと思われるのです。

このようなことから安曇氏とは、海神（綿津見神）を祖とする、豪族の阿曇氏だともいえるのです。彼らは海洋技術を用いて、安曇部（安曇氏の私有民）を率いて全国に散っていきました。さらに志賀海神社の社家《しゃけ》が安曇氏の後裔《こうえい》を称していることからも明らかです。

志賀海神社を総本社とする阿曇氏（安曇氏）ですが、その発祥の地は先ほどお話しした志賀海神社といわれていますが、近畿地方では、摂津・河内・播磨・淡路・阿波など、大阪湾から瀬戸内沿岸東部に多く分布することがわかっています。たとえば住吉大社（大阪市住吉区）なども、海神を祀る神社です。

他には、長野県安曇野、静岡県熱海市の熱海《あたみ》や、愛知県の渥美半島の渥美《あつみ》。私が小学生まで住んでいた、岐阜県岐阜市厚見《あつみ》（旧厚見郡）などの地名も「あずみ」が転化したものだともいわれています。

また、東京都港区麻布の地名も安曇氏との関係がありました。麻布周辺には貝塚などが見られ縄文時代から人間が住んでいたことは確認されており、弥生時代には農業も行われていました。

麻布とは読んで字のごとく、もともとは麻の布を産したことによる地名でもあり、麻布山善福寺の言い伝えによると、この地には昔麻が降ったことがあり、それを麻布留山《あさふるやま》といったのを略して麻布山としたのが地名になったとも。浅く草の生えている土地だったので浅生、変じて麻布となったという説もあるようです。現行の麻布の地名は元禄年間にはすでに確認されていますから、かなり古い地名のようです。

旧町名「麻布龍土町《りゅうどちょう》」の名称は、漁師が多く居住していた海に面する村だともいわれ、猟人《りょうと》村《むら》が、元和年間に麻布領内に代地を与えられた際に「龍土」と改称したという説もあるようです。一説には、滋賀県の滋賀とは志賀島《しかのしま》からとったといわれ、安曇川《あどがわ》という地名もあるくらいで、定かではないものの、安曇一族は滋賀県こそが本拠地だともいわれていることから、琵琶湖周辺には安曇氏の定着した地域が多いことにも驚くばかりです。

次に、氏名においては、宗像氏《むなかたうじ》、住吉氏《すみよしうじ》、海犬養氏《あまのいぬかいうじ》、海部氏《あまべうじ》は、海津見《あまつみ》という言葉が転化したともいわれ、海の津見は「住み」を表すので、つまりは「海に住む人」の意味となります。

先に、九州の離島、壱岐と鐘崎・宗像の間にある博多湾の沖に浮かぶ志賀島には、全国綿津見神社の総本宮であり、古来より「海の守護神」として篤く信仰されている志賀海神社があると記しましたが、そこで例年催される山誉《やまほ》め祭りでは神主が行事を執り行い、「君が代」が歌われています。その後半の歌詞に「安曇の君のめしたまふ御船」と詠まれているのも安曇氏との関係を彷彿させるものがあります。

安曇氏は、すぐれた灌漑技術や造船技術を持ち、はやくから大陸や半島と盛んに交易をし、海上の輸送を生業としながらも、他に漁業や稲作もして、整った社会環境と豊かな生活を構築していたので、「奴国《なこく》の王族」ではなかったかともいわれるゆえんにもなっています。527年に、ヤマト王権国家と筑紫君磐井《つくしのきみいわい》との間に「磐井《いわい》の乱」【*1】が起こります。安曇一族は磐井側に付き敗北し、列島を彷徨することになっていったと考えられます。

❖——関東安曇氏の神社

関東には江戸時代から、「下三宮詣《しもさんぐうもうで》」と称し、東国三社《とうごくさんしゃ》巡りを行う習慣がありました。東国三社とは茨城県鹿島市に鎮座する鹿島神宮、茨城県神栖《かみす》市に鎮座する息栖《いきす》神社、千葉県香取市に鎮座する香取神宮の総称です。

実は、この3社は安曇族との関係が深く、そもそもこの3社に共通するのが海なのです。その謎は3社の祭神や祭祀を見ればわかります。

鹿島神宮では、12年に一度、天皇陛下の勅使をお迎えして、壮麗な海の祭典である「御船祭」という例祭が行われます。鹿島神宮の御祭神である武甕槌大神《タケミカヅチノオオカミ》が約３０００人の大行列、１２０艘程の大船団とともに航海に出て、香取神宮の御祭神と水上で出会うというものです。次回は２０２６年に開催されます。

鹿島神宮の主祭神は武甕槌大神で、香取神宮の主祭神は経津主大神《フツヌシノオオカミ》です。この二柱の神は、天照大神《アマテラスオオカミ》に遣われて、大国主命《オオクニヌシノミコト》に国を譲ってもらえるよう提案します。この「国譲り」の伝説は有名ですが、その交渉をまかされたのが、息栖神社の御祭神である久那戸神《クナドノカミ》と天鳥船《アメノトリフネノ》命《ミコト》だったのです。そして海上を守護する住吉の神、三神を祭神としているのも海人族を表している証拠です。

鹿島神宮は、鹿島港を中心とする鹿島灘沿岸に位置し、利根川水域や霞ヶ浦・北浦の自然環境に建造されています。鹿島神宮の摂社《せっしゃ》でもある息栖神社周辺は、茨城県の最東端、太平洋（鹿島灘）の波崎漁港があり、溝口と呼ばれる場所も、利根川丘陵方面から流れてくる「溝」のような細幅の小川が姿を現す場所に造られ、江戸時代には、水上交通が盛んであったといわれています。

鹿島は「かしま」と呼称しますが、別名「しかのしま」とも読みます。鹿島は関東に上陸した志賀（鹿）族である、安曇族（安曇氏）の末裔でもあったのではないでしょうか。

一方、香取神宮の祭神は、経津主大神の一柱です。経津主大神は武神・軍神でしたが、「楫取＝かじ（舵）取り」という古名から香取となり、古くは航行を掌る神として祀られたという見方もあるそうです。

この東国三社のある地域は、藤原氏ゆかりの土地として知られており、鹿島神宮の御祭神である武甕槌大神や香取神宮の御祭神である経津主大神は藤原氏の守神であることを鑑みますと、藤原氏の武者所と要職にあった我が一族、武藤氏との縁もただならぬものを感じるのです。

東国三社は霞ヶ浦を中心とした、三方位に位置する方角に建立されています。霞ヶ浦とは、茨城県南東部に広がる湖のことで、面積は約220平方キロメートル、琵琶湖についで二番目に大きい湖沼だといわれています。西浦、北浦、外浪逆浦《そとなさかうら》、北利根川、鰐《わに》川、常陸《ひたち》川の各水域の総体です。利根川の支川と、鹿島灘からの海流が交わる地域に、海にまつわる社《やしろ》が造られていることから、この地域には多くの安曇氏が移住したと考えられます。

話はいったん逸れますが、私は仲間の僧侶たちとともに、6月6日の午前6時より、鳴門海峡大橋の下に渦巻く渦潮の周辺で、毎年祈禱をしています。時に9日の日にも祈禱します。すでに20年の歳月と23回の祈禱数に至っています。

❖――龍宮城は鳴門海峡にあり（渦潮《うずしお》での祈禱）

日本の正史を探求探訪する上で、鳴門の渦潮が、とても重要な意味を持つことに気がつき、多くの御霊の鎮魂と、日本や世界の恒久平和の願いを込めて祈っております。

詳細は紙幅の都合もあり割愛させていただきますが、それはそれは大変な意味がある場所です。またいつか書籍にして報告できればと思っておりますが、徳島県鳴門市に、かの大企業大塚グループが

毎年6月6日に行う鳴門渦潮祈祷

設立した「大塚国際美術館」や、大塚製薬会社の保養所である「潮騒荘」などは、まさに龍宮城そのものだと思えてなりません。私たちは、この地に大塚製薬の関係施設があることは偶然だとは考えておりません。

「大塚氏」とは古代から連綿と続く大豪族です。

私たちには鳴門の渦潮の海底深くに「龍宮城」があると思えてならないのです。

❖——海上自衛隊、潜水艦隊12隻に「龍」の艦名

2007年に行われた海上自衛隊の名称付与基準の改正で、潜水艦に「瑞祥《ずいしょう》動物（縁起の良い動物）の名」が使用されました。

陰陽思想と五行説が統合されて完成したとされる、陰陽五行思想での「龍」は、4種（東の青龍、西の白虎、南の朱雀、北の玄武）の中の「瑞獣」の一つとされています。「陰陽五行説」において、龍は、四神の一つとして東方面を鎮護するとされています。「風水四神獣」ともされる龍は吉祥獣として位置づけられているのです。

1番艦　そうりゅう（蒼龍）
2番艦　うんりゅう（雲龍）
3番艦　はくりゅう（白龍）
4番艦　けんりゅう（剣龍）
5番艦　ずいりゅう（瑞龍）
6番艦　こくりゅう（黒龍）
7番艦　じんりゅう（仁龍）
8番艦　せきりゅう（赤龍）
9番艦　せいりゅう（清龍）
10番艦　しょうりゅう（翔龍）
11番艦　おうりゅう（凰龍）
12番艦　とうりゅう（闘龍）

いかがでしょう。龍神の国、日本國ならではの名前ではないでしょうか。さらに「龍」の名称の艦数が12というのも、単なる偶然ではない気がするのですが。

*1【磐井の乱】6世紀前半の豪族、筑紫国造《つくしのくにのみやつこ》として北九州最大の勢力を誇った筑紫君磐井が、527年（継体《けいたい》天皇21年）朝廷が朝鮮半島への出兵を企てたとき、朝鮮半島の新羅と通じて起こした大規模な反乱。翌年11月、朝廷の派遣した物部麁鹿火《もののべのあらかひ》の軍と戦って敗死したという。

第6章　神と龍

❖——龍

竜の字体は、旧字体では「龍」と書かれ、「竜」は「龍」の新字体です。

中国では龍は神獣・霊獣とされており、有名な『史記』には、劉邦《りゅうほう》出生の伝説として登場します。また皇帝のシンボルとしても扱われてきました。

龍は水中に棲《す》むとされることが多く、啼《な》き声によって雷雲や嵐を呼び、さらに竜巻となって天空に昇り自在に飛翔するといわれています。

口辺に長髯をたくわえ、喉下には一尺四方の逆鱗《げきりん》があり、顎下に宝珠を持って描かれているのをよく見かけます。

皆さんも見たことはあるかと思いますが、龍の持つ玉は「宝珠《ほうじゅ》」と呼ばれています。日本海側の昇り龍の持つ宝珠、すなわち「玉《ぎょく》」は北方四島（歯舞《はぼまい》群島、色丹《しこたん》島、国後《くなしり》島、択捉《えとろふ》島）であり、降り龍の玉は、現在の沖縄県で、昔の琉球王国（龍球）を指すと、一部の古神道や漢波羅《かんばら》衆には口伝で受け継がれています。

そもそも龍の起源に関する正確な定説は存在しないのですが、蛇と龍は互いに水を司る関係にあり、同一視される場合が古《いにしえ》より見られます。古代インドでは、龍は蛇神であり水神でもあるナーガが記された仏典が、中国に伝わった際、「龍王」などと訳され、八部衆の仏として組み込まれました。実は仏教が中国に伝わる前から、中国では龍の存在はあり、雨水をもたらす神の使いと考えられ、道教【＊1】の雨乞いの儀式では、雨水をもたらす神の使いとして使役されていました。

仏典で語られる龍には、善の法行龍と悪の非法行龍があるとされています。

仏教では、釈迦の生誕を祝う行事である降誕会（花祭り）に、甘茶《あまちゃ》を稚児《ちご》のお釈迦さまに灌《そそ》

ぎます。それは釈迦が生誕した際に、2匹の「龍王」が清浄水（甘露の雨）を灌いだというい
われからきています。また龍は釈迦の成道時《じょうどうじ》（仏陀《ブッダ》となる）に7日間の降雨がありましたが、
龍は身を覆って釈迦を守護しました。
『法華経第五巻提婆達多品《だいばだったほん》第十二』では、8歳の龍女（善女龍王）の成仏が説かれています。

前章でもお伝えしましたが、そもそも龍は「神」の使いといわれ、神はその意志を、龍を使役して形として表します。それを示したのが「神」という漢字です。

つまり「神」は龍を使い人間に「示して申して」いるのです。

神が人間に示す際、「降り龍」をもって、稲妻雷鳴という現象で知らしめます。また「昇龍」は人間の意志を「神」に届けます。

さて私はさまざまな検証から、龍の母体は蛇だという考察に至りました。

余談ですが、『旧約聖書』の『出エジプト記』に登場するモーセの兄アロンが使ったとされる「アロンの杖」が「蛇」に変化します。

「時に〈蛇〉に姿を変え、触れた水を血に変え魚を死に至らしめ、蛙の大群を出現させ、ブヨやアブを大量発生させ、疫病を流行らせ、雹《ひょう》を降らせ、イナゴの大群を発生させた」と『旧約聖書』に記されています。

❖——龍神の国

幾度となく大陸や半島に赴いた私にとって、中国や北朝鮮、韓国は、とても身近な国になっていました。

また講演会や講話会、全国の神社仏閣ツアーで、東北や北陸、九州を旅しておりますと、私たちが学んできた歴史、いわゆる「正史」なるものに違和感を感じるようになりました。

特に富山県や新潟県は、昔は日本の表玄関でした。私は長年探し求めていた、富山県の漁港から手に入れた、中国大陸・朝鮮半島から見た日本地図を持っています。それを見たら、大陸や半島から、また列島からも常時往来が可能だったと思えてなりません。

広島や九州には、巨石の大神殿跡や「奴国の王」などと書かれた鳥居なども数多くあります

大陸から見た日本地図

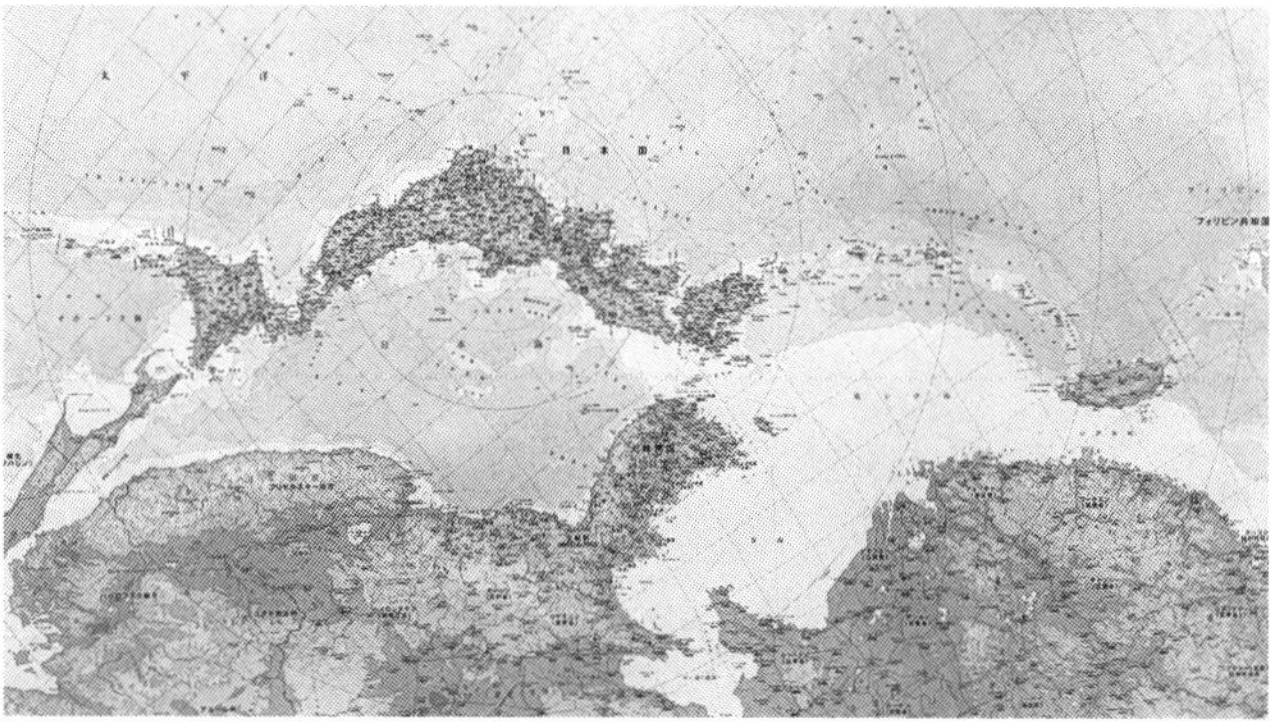

が、これら史跡は『古事記』や『日本書紀』にはまったく書かれていません。

私は古代にさかのぼって、日本國をとりまく諸国との関係性から、日本人とは「何ものか」を、縄文の時代と聖徳太子の時代、そして天武天皇【*2】の時代に焦点を当てて考えてみました。

紀元後、日本という国は、中央集権国家が形成樹立される過程で、さまざまな陰謀や謀略が跋扈《ばっこ》する中、近隣諸国とのパワーバランスを巧みにくぐり抜け、万世一系のまれなる歴史を育んできました。

しかし紀元前までさかのぼると、どうやら日本人のルーツである縄文の民は、この小さな列島から小舟を駆使して海を渡り、半島や諸島に行き着いて、新たな文明を築いていった形跡があるのです。

紀元前、紀元後と正確に分けることはできませんが、この列島では、2つの文明が明らかに存在したといえるのです。

それは「能動的文明」と「受動的文明」といってもよいでしょう。

＊1【道教】中国漢民族の伝統宗教。黄帝、老子を神仙とみなし崇拝する。古来の巫術《ふじゅつ》や老荘道家の流れを汲み、これに陰陽五行説や神仙思想などを加味して、不老長寿の術を求め、符呪、祈禱などを行う。仏教の教理を取り入れて次第に成長し、唐代には宮廷の保護を受けて全盛を誇った。

＊2【天武天皇】飛鳥時代の第40代天皇（在位673〜686年）。即位前の名は大海人皇子《おおあまのみこ》。壬申の乱で大友皇子《おおとものみこ》を破り、673年飛鳥浄御原宮《あすかきよみはらのみや》で即位。八色《やくさ》の姓《かばね》の制定や国史の編纂《へんさん》などにより律令制を整備し、皇族や皇親が主導する政治体制の確立に努めた。

第7章 イザナキ・イザナミについて

❖――イザナキ・イザナミの語源

揺《ゆ》さ種《さね》な男《き》と揺《ゆ》さ種《さね》な女《み》

陰陽の視点から日本を見てみますと『古事記』『日本書紀』に登場する「伊《イ》邪《ザ》那《ナ》岐《キ》」と「伊《イ》邪《ザ》那《ナ》美《ミ》」の二柱の存在が、とても重要になってきます。

それはイザナキとイザナミが、男女の神として陰陽の形になっているからです。

そもそも、イザナキ、イザナミは本当の名前ではありません。後につくられた造語です。

本当の名称は、「揺さ種な男」「揺さ種な女」という字を書きます。これが二柱の神の本当の名前です。

昔は古代語を使っていました。やまと言葉といってもいいですね。「ゆささねなき」の最初の「ゆ」という言葉は、後に「いざなみ」の「い」いう言葉に変換されます。「ゆ」は後に「い」に変換されて、「いさ」になります。それに濁点がついて「いざ」になります。「いざ」は、動きだす動態を表現します。現在進行形の ing ではなく「これから動くぞ」という発動です。

「いざ」は、「これから」という意味です。

「いざ鎌倉」の「いざ」という意味です。

次に、「さね（種）」とは、発動の意思を表し、「な」とは、意思を認了することです。

つまり「ゆささねな」とは、「いざ、これから何かをはじめましょうか」という意思表示なのです。

「き」が男、「み」が女を表します。たとえば「おきな」「おみな」という言葉があります。能の中に「翁《おきな》」「嫗《おうな》」が出てきますね。

つまり「ゆささねなき」と「ゆささねなみ」とは、お互いの合意のもと、性的関係に入っていく様子を表したのです。

今度は、それをそのまま漢字にあてたら、こういうことになっただけのことで、漢字そのものに意味はまったくありません。言葉にこそ意味があるのです。

古代の日本には、まだ定まった言葉や文字がありませんでした。後に、漢字が大陸から入ってきて、日本人はそれを巧みに平仮名に変容させたのです。

『古事記』では、「伊邪那岐・伊邪那美」と表記し、『日本書紀』においては、「伊弉諾・伊弉冊」と表記してあります。

古代の日本では、吏読《りと》【＊1】といって、漢字の音や訓、さらに古代ハングルを混ぜ合わせた、複雑な文体だったらしく、解読することはとても難しいといわれているのです。ことに『万葉集』は吏読で書かれているために、専門家がいなくて難解だと聞きます。

また日本語の文法は、一般的に難しいといわれています。動詞、形容詞、形容動詞の活用形があり、文体そのものに、未然形、連用形、終止形、連体形、仮定形、命令形があります。さらに五段活用なる文法があり、複雑に絡み合った文体表現となりますが、しかし、言葉にすると、シンプルでとてもきれいになるのですから不思議です。

日本語はもともと、ウラル・アルタイ言語を素地とする膠着《こうちゃく》言語【*2】です。

---

*1【吏読】漢字の意味を無視して「音」の表記だけを使用する、古代朝鮮（高句麗・新羅）特有の使用方法であるが、研究が遅れているため、古代の文献を紐解くのが難解になってきている。

*2【膠着言語】言語類型論による3分類のうちの一つ。順番や語形の変化ではなく、名詞・動詞などの自立語に助詞や助動詞などの機能語がつくことによって文法的機能が果たされる言語。

第8章
封印された瀬織津姫

❖——瀬織津姫について

瀬織津姫命《セオリツヒメノミコト》は、神道の大祓詞《おおはらえのことば》において、流れの速い瀬に坐し、罪や穢《けが》れを祓い浄める「祓戸四神《はらえどのししん》」の筆頭として登場する、川の神、海の神、瀧の神、水の神とあがめられる女神です。

瀬織津姫は天照大神と関係があり、天照大神の荒御魂《あらみたま》(撞賢木厳之御魂天疎向津媛命《ツキサカキイツノミタマアマサカルムカツヒメノミコト》)とされることもあります。

また、伊勢神宮の内宮に鎮座する別宮・荒祭宮《あらまつりのみや》の祭神の別名が「瀬織津姫」であると一部の古文献に記述されているという話もあり、謎の多い女神として昨今は注目を集めています。

そして、その荒祭宮は、かつては正宮に位置していたともいわれ、十ある別宮の中で現在は第一に位しています。伊勢神宮公式の由緒書きには「その御魂をこのように二宮に並べてお祭りするのは、皇大神宮に天照大神を、同別宮荒祭宮に天照大神の荒御魂を奉祀する姿の古い形といわれています」と記されており、天照大神と瀬織津姫を対になる形で祀っていたことになります。

そのような地位の瀬織津姫ですが、持統天皇が、瀬織津姫を祀っている神社に対して、祭神を変えるべき勅令を下し、ことごとく速やかに変えていった経緯にも、日本の歴史に隠された謎を垣間見るのです。

❖――天武天皇の不都合な真実

天武天皇は日本の歴史を再構築するために、『古事記』と『日本書紀』を編纂《へんさん》いたします。持統天皇は天武天皇の妃でありましたが、天武天皇が崩御した後、持統天皇として即位いたします。天武天皇の律令国家【*1】を、そのまま引き継ぐ形となったのですが、と同時に、宗教的統合や民族的統制をも引き継いだと考えられます。

『古事記』は、712年、太安万侶《おおのやすまろ》によって献上された日本最古の歴史書です。天武天皇に仕える稗田阿礼《ひえだのあれ》が誦習《しょうしゅう》していた「天皇の系譜」と「古い伝承」を書き留めたものとされていますが、実際は藤原不比等《ふじわらのふひと》が編纂を指示しています。内容は「誰が何をしたか」に重点を置いて書かれているのが特徴です。

8年後の720年には『日本書紀』が完成しています。舎人親王《とねりしんのう》らの手によるものといわれ「いつ何があったか」を重点に編纂されていますが、それも藤原不比等の指示によるものなのです。その後『続日本紀』をはじめ、『日本後紀』『続日本後紀』『日本文徳天皇実録』『日本三代実録』の『六国史』史書が作られていきます。

❖――イザナキ・イザナミの争い

大自然の「理《ことわり》」は、すべて陰陽になっています。たとえば、光と影、朝と夜、生と死など。イザナキが男神であれば、イザナミは女神という男と女の対比性の陰陽です。『旧約聖書』のアダムとエヴァもそうですね。

イザナキとイザナミの話は有名ですが、少しかいつまんでお話いたしましょう。

イザナミは火の神であるカグツチを産んだために、陰部を負傷し、それがもとで死んでしまいます。

いつも思うのですが、神様が死んでしまう。実に不思議な話です。

さて、黄泉《よみ》の国（根の国、死者の国）へ去ってしまったイザナミを愛しく思うイザナキは、イザナミの死の原因である我が子カグツチを殺してしまいます。そしてイザナミを追って黄泉の国を訪れ、もう一度この世に戻ってくれるよう、イザナミに懇願します。するとイザナミは

「私はすでに黄泉の国の食物を口にしてしまって、もとには戻れません。でも、愛しいあなたのために黄泉の国の神に相談してみます。しばらく待ってください。でも、その間は私の姿を決して覗かないでください」と言われます。

決して覗かないと約束したイザナキでしたが、なかなか戻らないイザナミを待ちかねて、つい覗き見してしまいました。しかしそこにいたのは、変わり果てた恐ろしい姿のイザナミでし

た。身体中に蛆《うじ》が集《たか》り、頭には大雷《おおいかづち》が、胸には火雷《ほのいかづち》が、腹には黒雷《くろいかづち》が、さらに陰《ほと》には析《さく》雷《いかづち》が、左手には若雷《わきいかづち》が、右手には土雷《つちいかづち》が、左足には鳴雷《なるいかづち》が、右足には伏雷《ふすいかづち》が、恐ろしい雷神が8つもついていたのでした。

イザナキは、その場から一目散に逃げ出しますが、イザナミは約束を破ったイザナキに対して「見たな！　恥をかかせおって」と言って怒り、黄泉の国の鬼女たちに命じて後を追わせました。イザナキは身につけていたカヅラや櫛を投げ捨てて、逃げ続けます。最後にイザナキは、十拳剣《とつかのつるぎ》を振り回し、桃の実をぶつけて難を逃れました。

❖――菊籬媛《ククリヒメ》の登場

菊籬媛は、日本神話においては、『古事記』や『日本書紀』正伝には登場せず、『日本書紀』の異伝（第十の一書）に一度だけ登場する謎の女神です。

先のイザナキが黄泉の国で、変わり果てたイザナミを見てしまい逃げ出します。

この時に、イザナミはイザナキを追いかけ、黄泉平坂《よもつひらさか》の大岩を挟んで言い争いとなりました。

ここで菊籬媛と泉守道者《よもつちもりびと》が登場し、イザナキにイザナミの意思を伝えています。「イザナミからのお言葉です。『私はイザナキとすでに国産みをいたしました。なぜふたたび産むことを求めるのでしょう。私は黄泉の国にとどまります。地上へ一緒に還ることはできません』とおっしゃっております」

この後に菊籬媛がイザナキに伝えたことがあり、イザナキは菊籬媛をほめたという話があります。

このような説話から、菊籬媛はイザナキとイザナミを仲直りさせた縁結びの神とされているのです。

また、死者（イザナミ）と生者（イザナキ）、つまり「生と死」の陰陽を取り持つシャーマン（巫女）だとも推察できるのです。

菊籬媛の神名の「ククリ」は、「括《くく》り」の意で、菊花の古名を久々《くく》としたことから「括る」に菊の漢字をあてたとも、菊花の形状からともいわれていますが、実は「ククリ」は「高句《コク》麗《リヨ》」がなまって発音されたのです。それについては後ほど。

さて、イザナミは黄泉平坂に大きな岩を置いて道をふさぐイザナキに向かってこう言います。

「こんなことをするのなら、1日に1000人の人間を殺しますよ」

イザナキは負けずに返します。

「それならば、1日に1500人の人間を産もう」

このケンカにより、人類が増えて繁栄していったといわれています。さらにその後、無事に生還したイザナキが禊《みそぎ》をして身を清めている時に、アマテラスとツクヨミ、スサノオの三貴子《さんきし》(三貴神)を産んで日本の礎を築くことになるのです。


実は、イザナキとイザナミには、不幸な出来事がそれ以前にもあったのです。

『古事記』において国産みの際、イザナキとイザナミとの間に生まれた最初の神、蛭子《ヒルコ》(別名、ワカヒメ、ワカヒルメ)は、2人の子作りの際に、イザナミから声をかけたことが原因で、不具の子として生まれてしまいました。そして葦《あし》の舟に入れられ、オノゴロ島から流されてしまうのです。

ワカヒメ・ワカヒルメは、実は海藻「わかめ」に由来すると考えられます。「わかめ」の

「め」は海藻の汎称《はんしょう》で、藻に通じる言葉です。そして「わか」は新しく生まれる意でもあり、また「分かれた」意でもあり、イザナキとイザナミの最初の子供であると同時にイザナキとイザナミが後に分かれた意味にもうかがえます。そして古くは「和布」とも書き「ニギメ」とも読まれ「ニギ」は柔らかなという意味でもあるそうなので、「ニギメ」とは柔らかな海布のことをさしますので、蛭子は死後に柔らかな海布、つまり「ワカメ」に包まれて流されたと推察いたします。

どうやら人間界と同じように、神々の世界でも、そのようなことが原因で不仲になるのでしょう。

蛭子の名前の由来ですが、興味深いことがあります。生まれた子が、環形《かんけい》動物のヒルのように、原形を留めない姿の子であったとする説と、日の子（太陽の御子）の意味とする説などがあります。

「蛭る子」の「る」は、「の」古形であることから、「日の子」の意味になるという解釈があるようです。私は後者の説に、日本の正史が隠されているのではないかと考えています。

日本そのものは陰陽の思想であると同時に、その陰陽を結びつける何かが必要だということです。それこそが菊籬媛であるのです。菊籬媛は、私の調べでは、瀬織津姫と同一です。瀬織津姫と菊籬媛は『古事記』には書かれていません。唯一、『日本書紀』異伝に菊籬媛、大祓詞の最後に瀬織津姫の文言は出てきますが、どうやら日本の正史からは抹殺されている感があります。

＊1【律令国家】律令を統治の基本法典とした古代国家の形態。隋、唐にならって7世紀半ばから形成され、奈良時代を最盛期とし、平安初期の10世紀頃まで続いた。

第Ⅳ部

釈迦

第9章 仏教の開祖 釈迦の新説

❖——釈迦は白人

仏像をよく見ると、時代によって顔が違うのがおわかりいただけるでしょうか。奈良県に多い、北魏【＊1】時代様式といわれる飛鳥仏には、黄色人種のモンゴロイド系より、西洋人的な彫の深い白色人種系（コーカソイド）の顔貌《かおかたち》を感じとれます。私はそのことが不思議でなりませんでした。調べてみると、驚愕《きょうがく》する事実がわかってきたのです。

数年前に、19世紀末のインド－ヨーロッパ語系に属するアーリア人の研究によって、インド

飛鳥仏（奈良県・飛鳥寺の銅造釈迦如来坐像）

人とヨーロッパ人の共通性に注目が集まったことがありました。その露呈のなかで、シャーキャ族（釈迦族・この後、釈迦族で通称する）も中東からやってきた、ヨーロッパ語を話す一族ではなかろうか、という疑問が起こりました。しかしその後、インダス文字のさらなる解読によって、釈迦族は、インダス文明を築いた民族の末裔であることが明らかになったのです。

仏教文献によれば、釈迦族はインダス河あるいはガンジス河上流に居住していた、オッカーカ王の子孫であると書かれています。オッカーカ王はアーリア人系とされ、釈迦も一般的にアーリア人と推測されています。釈迦は自分の家系について、両親の系統も純粋で、7世代前までさかのぼっても汚れていないことを述べていると仏典は記しています。ですが、アーリア人は狩猟民族系で麦を主食としていたのに対し、釈迦族は米食を主食とする農耕民族系だということがわかってきました。釈迦の父が浄飯王《じょうぼんのう》、その兄弟が白飯《びゃくばん》、甘露飯《かんろばん》という名前もまさに、釈迦族は狭義の意味におけるインド－イラン語派に属するアーリア人ではなかったとの説もあるほどです。

インド亜大陸の人々は、大河を「シンドウー（大洋）」と呼んでいたといわれます。これが「インダス」や「インド」の語源となりました。また、インダスの人々は「卍」の図形を護符としていたというのです。

また、太陽と光を表すもので、後に仏教のシンボルともなり、これを「スヴァスティカ」と呼び、勝利の太陽神をシンボルとしたのがアーリア人で、初期の原始経典では、釈迦はよく「太陽の末裔」と呼ばれ、漢字では「日種《にっしゅ》」と表します。

太陽を神格化するのは農耕民の伝統であって、遊牧民社会では月が神聖なものとされています。

このことから釈迦族は、遊牧民のアーリア人とは系統が異なるともいえるのです。

余談ですが、アドルフ・ヒトラーは、コーカサス人種の中でも、金髪で青い目、そして長身で痩せ形といった、身体的特徴を持ったゲルマン民族こそが、選民だと称していました。

古代インドでは、4姓(カースト制度)階級があり、バラモン(司祭者・祭祀者)クシャトリア(王族・戦士)ヴァイシャ(商人・農民)シュードラ(職人・奴隷)ヴァイシャ以上の三階級が再生族と呼ばれて、祭祀を行うことができ、死後天界に生まれるとされていました。

王族であった釈迦は、クシャトリアに属していました。

この4姓は、アーリア人がサンスクリットと呼ぶ、聖なる言語で記された『リグ・ヴェーダ聖典』(英知識の集成)に書かれています。

サンスクリットとは、清める、洗練する、という意味の動詞で、サンスクリから生まれた語で、古代インドでは、ヨーロッパにおけるラテン語のような古典語として使われていました。

仏教の経典も権威を高めるため、後にサンスクリットで記されるようになりました。

中国や日本ではサンスクリットを梵語《ぼんご》または悉曇《しったん》といい、その文字に霊力が宿るとして、護符や卒塔婆《そとうば》に記しました。

私たち日本人は多かれ少なかれ、「仏陀」について聞いたことがあるのではないでしょうか。

❖——仏陀《ブッダ》とは誰か

仏陀はおおよそ約2500年前（2570年といわれる場合もある）、現在のネパール（北インド地方）で教えを説いた偉大な師、釈迦の尊称です。しかし「仏陀」と称される「釈迦（釈迦牟尼《むに》）」として知られるこの歴史上の人物だけが仏陀ではないのです。

まず仏陀「ブッダ」とは、漢字による音写《おんしゃ》（ある言語の音を、他の言語の類似した音の文字に移すこと）の呼称です。サンスクリット語の発音で、中国人の玄奘三蔵《げんじょうさんぞう》が漢字に書き換えたのが起こりだといわれます。

実は古代インドでは、仏教の成立以前から仏陀という呼称は使われていました。

仏陀とは「目覚めた人」を指す普通名詞であり、釈迦だけを指す固有名詞ではなかったのです。現に原始仏典には、複数の仏陀が登場しています。しかし釈迦入滅後の初期仏教では、仏教を開いた釈迦ただ一人が仏陀とされるようになりました。

初期の経典では、毘婆尸仏《ぶばしぶつ》、尸棄仏《しきぶつ》、毘舎浮仏《びしゃふぶつ》、倶留孫仏《くるそんぶつ》、倶那含牟尼仏《くなごんむにぶつ》、迦葉仏《かしょうぶつ》、そして最後の釈迦牟尼仏《しゃかむにぶつ》の過去七仏を説いています。

曹洞宗では毎朝の仏祖諷経《ぶっそふぎん》（朝のお勤め）で『宝鏡三昧《ほうきょうざんまい》』と交互に読まれる『参同契《さんどうかい》』の後の回向《えこう》内に七仏の名を唱えます。

仏教には数多の仏が存在します。釈迦の説く根本的な教えは「宇宙に存在するあらゆるものは、すべてが仏になる可能性を持っている」というものなのです。

❖――7番目の仏陀「釈迦」の転機

もっとも伝統的な伝記によれば、後に仏陀となる人物「釈迦」は、紀元前5世紀～6世紀頃、神々が住まう「雪の山」と崇拝された霊峰ヒマラヤ山脈のインド北部で、シャーキャ（釈迦族）のもとに、一人の聡明な男児として生まれました。

出生名はゴータマ・シッダールタといいます。その生誕祝いの場で、アシタ仙人（阿私陀）という隠者が、この子供は偉大な王か偉大な宗教的指導者になるという予言をしました。シッダールタの父・シュッドーダナ（浄飯王）は釈迦族の王で、後継ぎを切望していましたから、偉大な王への道を踏み外す原因となりえるすべてのものから息子を遠ざける決意をしました。

シッダールタは宮殿に隔離されて、少年時代・青年時代を過ごしました。そこで彼は、ありとあらゆる贅沢な物を与えられ、すべての悲しみや不幸から遠ざけられていました。彼が目にすることがないよう、死人はおろか、老人や病人のすべてが宮殿に入ることを禁じられました。

青年となったシッダールタは、文武両道の卓抜した才能を発揮していました。後に隣国マカダ国の姫、ヤショーダラ（耶輸陀羅）と結婚して、ラーフラ（羅睺羅）という息子を授かっています。シッダールタ19歳、ヤショーダラ16歳だったといわれています。

ちなみにラーフラの意味は、サンスクリット語で「妨げ」であり、シッダールタが我が子、ラーフラへの恩愛の絆が深まることで、出家の妨げになることを懸念して、つけられた名前ではなかったかといわれています。

また一説には、シッダールタには、3人の姫があり、それぞれ3人に子があったともいわれています。

❖――出家への誘い

豪奢《ごうしゃ》な宮殿での暮らしは、大勢の侍者にかしずかれ、何ひとつ不自由のない優雅なものでしたが、シッダールタの心には、憂いと悩みが取りついて離れなくなっていました。そのきっかけは、やはり母、マーヤー夫人の死が、大いなる縁起になったことは想像に難くないと思います。

夫となり父となったシッダールタでしたが、しかし憂いと悩みが拭われることはなかったのです。

鎌倉時代の華厳宗《けごんしゅう》の僧明恵《みょうえ》は、日本に禅を最初に顕揚《けんよう》した一人ですが、8歳にして母を失い、次いで父は源平の戦いで逝っています。

曹洞宗の開祖道元は、3歳にして父に死なれ、8歳の時には母をも失い、13歳にして出家をしています。

臨済宗の禅僧である夢窓疎石《むそうそせき》も4歳にして母を失った人です。

高僧名僧と慕われた人に、はやくから逆境にあり生と死との対決を迫られた人が多いのには、何か共通する心情があるのかもしれません。

血縁を契機とする親が身近にあるとき、子には親との結びつきが深いだけに、裏切られることがないという安心感があります。ですが、親が欠けたということは、子にとっては、心の支柱を失ったということになります。幼い子は夜中にふと目が覚めても、かたわらにいる親の体に触れて、存在を確かめると、再びスヤスヤと眠るものですが、あるべきものがないというほど、子にとって非情な世界はありません。空洞となった精神を埋めるものは、死への凝視であり、諸行無常の響きなのです。

昨日までやさしい眼差しを向けてくれた親が、冷たい骸《むくろ》となって、呼んでも叫んでも、揺り動かしても答えてくれぬ、生との訣別は、否応なしに死と対比する生に新しい視野を向け、生を見届けようとする姿勢が生まれてくるのかもしれません。

シッダールタの胸中には人生の究極的な命題「生老病死」が迫ってきていました。

「人は死を免れないのに、死者を見ては悩み、恥じ、嫌悪している……」この言葉は、シッダールタの憂鬱な心境を表しています。


29歳になったある夜のこと、宮殿では踊り狂って疲れ果てた侍女たちが、しどけない姿で寝そべっていました。しかしその様子は、王子の目には、まるで墓場の死体のように映り、彼は官能の虚しさをおぼえたのでした。

「ああ、なんと哀れなことだ！」

かくして家族とそのすべてを捨て去る決意を固めたシッダールタは、愛馬カンタカにまたがって、ついに居所カピラ城門の外に出たのでした。

そして、森に入ると宝衣を脱いで袈裟をつけ、髪と髭を剃り落とし、流浪の苦行者としての人生を歩みはじめたのです。

❖——苦行の旅路

故郷を離れたシッダールタは、バラモンの伝統に則した修行を学ぶために、サドゥ（ヨガの行者）を訪ねました。

しかし、その修行に満足することができなかった彼は、寂静《じゃくじょう》の境地を求めて、尼連禅河《にれんぜんが》のあたりの深い林に入り、独り激しい苦行を積むようになります。

食を断ち、一切の肉体的な安楽を捨て、ほとんどの時間を瞑想をして過ごしました。この苦行は6年間続いたといわれています。彼の体は、薄い皮におおわれた骸骨のようになってしまいました。

目はくぼみ、肌は生気なく黒ずむほど激しい苦行でした。

果てしない無限地獄の闇の中、死を覚悟し、不動の禅定《ぜんじょう》（雑念を退けて心静かに瞑想し、精神を統一すること）に入ったシッダールタに、魔王マーラーが囁きます。

「己の体をさいなんだところで何になろう。さあ、生きよ。おまえにこの世の栄華のすべてを与えてやろう」

しかし、シッダールタは言いました。

「敗れて生きるよりは、戦って死ぬことを私は選ぶであろう。悪魔よ去れ！」

正覚《しょうがく》を妨げようとするマーラーの軍勢と、壮烈な戦いが繰り広げられました。

やがてマーラーは憂いに打ちしおれて消え失せたのです。

❖――苦行を捨ててこそ

ある日のことです。シッダールタが川のほとりで禅定に入っていますと、先生が子供に楽器の弾き方を教えているのが聞こえてきました。

「絃《げん》をゆるめすぎてはいけないよ。あまりゆるくすると、音が出なくなってしまう。かといって、きつく締めすぎてもいけない。あまりきつくすると、ちぎれてしまうからね」

これを聞いていたシッダールタは、

「肉体を消耗させることで、欲望を滅しようとする修行は苦痛をともなうだけで、明知をもたらすものではないかもしれない」

「これは悟りに至る道ではない」

自分の苦行の年月が、いかに無駄であったかに気づきました。宮殿での贅沢な生活と同じように、極端な苦行もまた、苦しみを乗り越える役には立たなかったのです。物事は、このような両極端にあらず。中間にこそ答えがあるに違いないと、彼は考えました。

その瞬間です。スジャータという少女が通りかかり、乳粥（あるいは牛乳）を差し出しました。シッダールタは器を受け取り、他の行者たちが驚いて見守る中、それをいただき終えたのでした。食事らしい食事をとったのは6年ぶりのことです。

それから彼は1本のイチジクの木の下に行って禅を組みました。シッダールタは「悟りを開くまでは、決してそこから立ち上がらない」と決意をしたのでした。

こうして、現在は菩提樹として知られる木の下で、やがて大悟《だいご》し、文字通り「目覚めた人」仏陀となるのです。

❖――正覚（仏陀の誕生）

時空を超えて、果てしなく繰り返される輪廻転生《りんねてんしょう》の末に「仏陀」は誕生しました。

「生まれ生まれ生まれ生まれて生の始めに暗く　死に死に死に死んで死の終わりに冥《くら》し」空海『秘蔵宝鑰《ひぞうほうやく》』

生命の始まりと終わりが、はるか無限の彼方からあるように、人間は時空を超えて、果てしなく繰り返される輪廻転生の末に「仏陀」となるように、悟りの源ははかり知れません。

この世には、果てしない苦しみと、限りない悩みが満ちている。姿形の上での美しさや豊かさも、突きつめれば救いにはならない。すべてを捨てて自己究明の旅路に出る他はないと決意し、釈迦は王子たる豪奢《ごうしゃ》な生活と、妻子の一切を捨て、難行苦行に身を投じました。邪悪な魔王の誘惑を退け、やがて大いなる悟りを開くに至りました。仏陀の誕生です。

「私は、最高の道を悟った。私の悟りは、ゆるがず、壊れない。
私は、解脱《げだつ》を果たした。もう苦しみの世に生れることは決してない」

❖——釈迦の境地

仏伝によれば、悟りを開き、菩提樹の下で7日間、解脱の境地を楽しんだ釈迦は、ようやく定《じょう》から抜け出して、自分の得た悟りの検証を行いました。その時、最初に発した言葉が「これあればこれあり、これ生ずればこれ生ず」（因是有是《いんぜうぜ》　此生則生《ししょうそくしょう》）でした。

生きとし生きるすべてのものは、生まれては死に、死んでは生まれる。ただ車輪のように繰り返される輪廻の中でまた同じように苦しむ。どの生涯にも、そもそも実体などないのに。

釈迦の悟りを考える上でとても重要なポイントとなるのが、「輪廻《りんね》（サンサーラ）」と「業《ごう》（カルマ）」という古代インドを代表する思想です。

「輪廻」とは、霊魂《れいこん》が、一定の主体性ともいうべき自己同一性を保ち、姿形を変えながら繰り返し生まれ変わることであり、「業」は、そうした輪廻を起こす原動力と考えられてきました。

釈迦が生きた時代の「輪廻」の定義は、自己に付着したものは、それが善であれ、悪であれ、すべてが業因《ごういん》になり、業は輪廻を招きますから、欲望にとらわれて生きている限り、人は輪廻から免れることはできません。心と体に染みついた、欲望の一切を洗い流してこそ、永遠の命、永遠の解脱に至る道だと考えられてきました。

修行時代の釈迦にも、同じような認識がありました。ですから釈迦は、断食や瞑想の苦行に励んだのでした。

しかし、釈迦は苦行の途中でその無益を知り、苦行を放棄しました。そして菩提樹の下で開《かい》悟《ご》した時、あたかも輪廻を否定するがごとき、「無我の境地」に行きついたのでした。

古代インドの輪廻思想では、輪廻の主体は、記憶など、前世の個性をともなった自己（我＝霊魂）で、自己という不変の実体があり、それに前世の個性がともなうという考えでした。そこから輪廻転生の思想が生み出されましたが、釈迦のいう輪廻は、自足的に存在するのではなく、他との関係性においてこそ存在する。いわゆる「縁起の法則」を説いたのでした。

これを比喩的に説明しますと、生きとし生けるものの命の系譜。それを今日の科学では「遺伝子」と呼んでいます。遺伝子は人間には人間となるようにプログラムされた「ヒトゲノム」情報が記入されています。そしてその情報には、肌の色、目の色、背の高さ、性格など、私たちが通常、個性と考えているものの原型が、4種のDNAの組み合わせによって決定されているにすぎず、記憶はみなそこに記入されているといわれています。

釈迦はそれを「縁起」の法によって説明しました。私が存在するのはあなたの存在があり、あなたが存在するのは別の人の存在によってといった無限の連鎖によって、一切は生じ、一切は消滅する「不二則の論理【*2】」がこの世の真理であり宇宙の大法則だと。

相依的に存在する時間と空間でさえ、一切は「仮のあらわれの姿（仮象）」にすぎないと説きました。

私たちが、自分だと思っている「私（我）」も仮象にすぎず、このことを釈迦は、「無我」「無常」といいます。

＊1【北魏】中国北朝の最初の王朝。鮮卑《せんぴ》族の拓跋珪《たくばつけい》が魏王と称し、398年に平城に遷都。
＊2【不二則の論理】現象は数多の相互間により起こる。柴野恭堂（正眼短期大学二代目学長）提唱。

第10章 仏教は宗教でも哲学でもない総合科学

❖——釈迦の教えは心のサイエンス

シッダールタが仏陀「覚者」となった時、最初の言葉が、「あぁ、なんとこの世は苦しみに満ちているのだろう」でした。

釈迦は悟りにより、聖なる4つの真理を得たといわれます。それを「四聖諦《ししょうたい》」といいます。

第一の真理は、「一切は苦である」という苦の認識（苦諦《くたい》）。

第二の真理は、「苦は欲望（渇愛）に起因する」という、苦の起源（焦諦《じったい》）。

第三の真理は「渇愛を滅すれば苦も滅する」という法則の認識（滅諦《めったい》）。
第四の真理が「その境地に至るための方法」（道諦《どうたい》＝中道）

この四聖諦の第一で、一切が苦であるという認識が示されるように、苦しみの定義から始まっています。

生きとし生けるすべてに、平等におとずれる生老病死の四つの苦しみに、なげき、悲しみ、苦しみ、憂い、悩むのは苦である。怨憎するものに会うのは苦である。求めて得ざるは苦である。総じていえば、この人間の存在を構成するものは、すべてが苦なのであり、人間には人間特有の精神的な苦しみが4つあると、『雑阿含経《ぞうあごんきょう》【*1】』では説明しています。

釈迦はこのように言いました。
愛別離苦《あいべつりく》→愛する人と別れる苦しみ。
怨憎会苦《おんぞうえく》→怨み、憎む人と出会う苦しみ。
求不得苦《ぐふとっく》→求めるものが手に入らない苦しみ。

五陰盛苦《ごおんじょうく》→人間の心身から生まれる苦しみ。

肉体的な四つの苦しみに、精神的な四つの苦しみを合わせて、世間では「四苦八苦《しくはっく》」などと呼んでいます。

「五陰《ごいん》」は五感（視覚、聴覚、嗅覚、味覚、触覚）のことです。

人間は欲しいものばかりです。欲求には果てがありません。また惜しくて手放せません。憎い、妬《ねた》ましいなど、執着の心が蠢《うごめ》きだします。その心が執着《しゅうちゃく》を育て、さらに激しい苦しみ、憂い、悲しみ、悩みなどを生み、激しい執着心になります。

すべての苦しみは、ここから起こってくると釈迦はいいます。

つまり、永遠に続く確実なものなど、最初から何一つないのに、人間は執着に執着を重ねて心の痛みは募っていくのだと、釈迦は人類に諭《さと》します。

人々は無門地獄《むげんじごく》に陥っている。釈迦はそれを「無明《むみょう》」といいます。

この世には、永遠の実体などどこにもないように、いかなるものも移り変わる。絶対不変なものなどありえない。ただ、無数の因縁によってのみ、結果が生じてくるだけなのです。

生きとし生けるものは、気の遠くなるほど数多の恩恵《おんけい》により存在しているのです。

釈迦は人間の心を分析しました。

無明の根源にあるものは、行《ぎょう》・識《しき》・名色《みょうしき》・六入《ろくにゅう》・触《しょく》・受《じゅ》・愛《あい》・取《しゅ》・有《う》・生《しょう》・老死《ろうし》に至る、複雑な12の因縁による〝縁起《えんぎ》〟をもって解明したのです。

つまり、目の前に見える限られたものに執着することの無意味さを証明したのです。

❖――初転法輪《しょてんほうりん》

仏陀となった釈迦は当初、誰にもその真理を語ろうとしませんでした。

そこにブラフマン（梵天《ぼんてん》）が降臨し、禅定を楽しむ釈迦にたずねました。「なぜ大勢の人に向かって真実の道を説かないのか」と。

釈迦はこのように答えました。

「私の悟った真理は、静謐《せいひつ》で深遠で難解です。思考の次元を超越し、絶妙で微妙ですから、修行を究めた者にしか理解できません。自分の欲望と執着にとらわれて、貪《むさぼ》り耽《ふけ》り、追いかけている人々にはとても伝わらない。無駄だと感じたから、私はこの場を立たないのです。いくら熱意を込めて説き教えても、おそらく、私がただ疲労困憊《ひろうこんぱい》するのみです」

ブラフマンは言います。

「それでは、このような絶望と落胆のうちに滅亡してしまうではないか。悟りを得た尊い存在よ、どうか教えを説いてほしい。この世には、汚れの少ない人々がいる。彼らはあなたの教えと導きによって真理へ導かれるかもしれないではないか。少なくとも、その教えがなかったら、いずれは醜く汚れきった欲望と執着の海へと虚しく沈んでしまうのは明らかなことだ」

釈迦は二度目までブラフマンの懇願を退けましたが、ブラフマンの真摯な説得に、ついに三度目にして禅定を解いたのでした。一説には、禅定を解いたのは、釈迦が悟ってから49日目だったとも……。

釈迦は身をもって悟った生と死、苦と楽についての真理を多くの人々に向けて語ることを決意したのでした。

釈迦がはじめて説いた説法は、「八正道《はっしょうどう》」という教えでした。

ともに修行した5人の行者に静かに語りはじめました。

真理を求め修行を志すのなら、極端を離れて「中道《ちゅうどう》」を歩むことを説き、中道とは、八つの正しい道だと示しました。

八正道とは

正見《しょうけん》――正しい見解を下すこと。

正思惟《しょうしゆい》――正しい思惟を行うこと。

正語《しょうご》――正しい言葉を話すこと。

正業《しょうごう》――正しい行いをすること。

正命《しょうみょう》――正しい生活をすること。

正精進《しょうしょうじん》――正しい努力をすること。

正念《しょうねん》―正しい自覚を持つこと。
正定《しょうじょう》―正しい瞑想をすること。

また在家の者にはこのように語っています。

一には、与えることの大切さ。

常に自身の心を持って困窮者や宗教者に衣食住の施しを行うこと。

二には、戒律や道徳を守る大切さ。

生き物を殺傷せず、他人の財物を盗まず、乱れた姦淫を行わず、嘘を言わず、常に他人の心に配慮した生活をすること。

これらの約束を守って暮らせは、来世は天に生まれることを丁寧に話しました。

釈迦の説法の特徴は、臨機応変にその人にもっともふさわしい救いの手を差しのべる「対機《たいき》説法《せっぽう》」でした。

❖——釈迦、涅槃《ねはん》の境地

一切の世の中において
生まれたものはすべて死に帰る
寿命は限りないように見えても
必ず尽きる時がやってくる
盛んなものもいつかは衰えて
病に倒れ、ついには果てる時を迎える
(『涅槃経』解説)

釈迦は齢《よわい》八十に達していました。自らも〝その時〟が近いことを知り、死出の旅支度をするのでした。
釈迦の説法は、最後まで平等を守り抜き、自らが艱難辛苦《かんなんしんく》の末に悟った正覚《しょうがく》は、最後の最後まで揺らぐことはなく、対話を主体とした説法を重んじました。

しかしながら、ついに倒れる時が来ました。旅の途中で雨季の定住に入った時のことです。病により激しい痛みに襲われますが、禅定によってかろうじて旅を続けるも、途中、鍛冶屋の若者チェンダの供養した食事により中毒となり、再び倒れたのでした。

激しい痛みと下痢に苦しみながらも、チェンダの功徳《くどく》を称《たた》えます。

「私の生涯にとって、最上の食事が二つあった。スジャータの乳粥と、チェンダの食事だ。私はこの二つに無上の感謝を捧げる」と。

釈迦はおぼつかない足取りで、ようやく歩みを続けながら、弟子の阿難《あなん》に向けてこのように告げました。

「私は、老い朽ちて、人生の旅路を終えようとしている。たとえば、古く壊れた靴が革紐の助けによってようやく動いているようなものだ。もはや、カピラヴァストゥ【*2】に着くことはない」

阿難は天をあおいで慟哭《どうこく》いたしました。

「何を泣くのか。私が常に言っていることを思い出しなさい。生まれたものは必ず死ぬ運命を免れないということを。すべてのものは永遠ではない。たえず変化し、形を変えるという真理を思い出しなさい。

ここで生命を失おうとしているのは、私の肉体にすぎない。私が悟った最高の真理は、人々が実践を続ければ、生命を失うことはない。そこに、常に私は生きているのだ。永遠に生き続けるのだ。この〝悟り〟のみが、全宇宙において、ただ一つの絶対不変の真理なのだ」

嘆き悲しみを隠しきれない阿難は、またしても釈迦に問うのでした。

「尊師が亡くなった後、私たちは何を頼りに生きたらよいのでしょうか？」

釈迦は力のこもった言葉で諭《さと》しました。

「自らを〝灯《ともしび》〟として生きなさい。法を〝灯〟として生きなさい」と。
この御言葉は、釈迦の真髄《しんずい》ともいうべき、仏法最大の至極《しごく》の言葉として伝わっています。
すなわち、「自燈明《じとうみょう》　法燈明《ほうとうみょう》」。
かけがえのないその命は誰とくらべるものでもないのです。そう私たちはオンリー・ワンをもって、粛々《しゅくしゅく》と燦燦《さんさん》と生きていけばよいのです。

続けて釈迦は言いました。

「諸々の事象は過ぎ去るものである。たゆまず、怠らず、信じた道を、ただひたすらに進んで修行しなさい」

「さぁ、阿難よ。２本のサーラ樹（沙羅双樹《さらそうじゅ》）の下に、頭を北に向けて最後の床を作ってくれ。私は、疲れた。私は横になりたい」

釈迦は床が整うと、ゆっくりと身を横たえ、柔らかな微笑みをたたえながら、静かに目を閉じると、鼻を通り抜ける息も、静かに止まりました。

このとき、天の曼荼羅華《まんだらげ》と、地の沙羅双樹の木が満開となり、釈迦の体を包むように花びらが降り注いだと伝わっています。

釈迦の苦しみの流転はここに終焉《しゅうえん》となり、彼岸《ひがん》に往き渡り、涅槃の寂静《じゃくじょう》に入りました。

羯帝羯帝波羅羯帝波羅僧羯諦菩提薩婆訶
（ギャアテイギャアテイハーラーギャアテイハラソウギャアテイボージーソワカ）

往《ゆ》き往《ゆ》き、彼岸に往けるもの、その者こそ悟りである。幸あれかし
（『般若心経』解釈）

＊1【雑阿含経】全50巻で、比較的短い経典が集成されたもの。
＊2【カピラヴァストゥ】カピラ城、シッダールタ王子の宮殿。

第11章 釈迦の奇《き》譚《たん》伝

❖──釈迦が密かに説いた恐ろしい予言

この章では、仏教を理論的に教説した釈迦ではなく、史上最大の予言者「釈迦」の説いた極秘ともいうべき経《きょう》に書かれた内容を紹介いたします。

実はこれからお話しする内容を公表することにはずいぶんと思惟《しゆい》しました。それは僧界僧侶でさえ、あまり知らされてない「秘密の経」だからです。それだけ驚愕する内容なのです。

日本人は経典といわれるものをいったいどれくらい知っているでしょうか？

宗派の経典やその意味を知る人は、ほんのひと握りではないでしょうか。

俗に経典は8万4千あるともいわれ、この数字が正確か否かはわかりませんが、世には数えきれないほどの経典が存在することは確かです。

釈迦の「秘密の経」について説明する前に、そもそも「経」とは何かについて、解説しなければなりません。

❖――経典の成り立ち

釈迦は仏法の真意が敬虔《けいけん》さを失い、皮相《ひそう》的になることを避けるため、弟子たちに文書化を許さなかったといわれます。文字に記すのではなく、あくまでも体で覚えさせたのです。

しかし釈迦の入滅時に一人の比丘《びく》（修業僧）が「もう師からとやかく言われることもなくなった」と放言したことがきっかけで、これを聞いた摩訶迦葉《まかかしょう》【＊1】が、釈迦の教説（法と律）を正しく記録することの大切さを感じ、仲間の比丘たちを集め、経・論・律（三蔵）をまとめた編集会議をしました。これを「結集《けつじゅう》【＊2】」といいます。

釈迦の時代のインド大陸（現在のインド亜大陸）では、すでに文字は普及しており、その使用は商用や法規の公布などに限られ、世俗の用件に用いるものではなかったといわれます。

「経」と呼ばれるものは、釈迦が語ったさまざまな言葉が、釈迦入滅後に後の僧侶たちが文字として後世に伝えた書物。それが今日「経」と呼ばれるものですが、現代の僧侶は呪術的な意味あいで、この経を唱えることに筆者は違和感を感じています。

さて釈迦の仏教ですが、教義などが体系化されないまま中国に伝えられました。そのため中国の学僧たちは、釈迦の教えを整理する必要がありました。

たとえば、どの教えが釈迦が最も伝えたかったものなのか。そのすぐれた教えを判断する「教相判釈《きょうそうはんじゃく》」【＊3】が行われました。

隋《ずい》の時代（6世紀後半）の天台大師【＊4】は、釈迦の説法を、次第・教法の内容・教化の方法などを総合的に判釈した「五時八教《ごじはっきょう》」を立てて、諸経の勝劣浅深《しょうれつせんじん》を明確にしました。

❖――五時八教《ごじはっきょう》とは

「五時」とは、釈迦の説法を時代に順追って、華厳時《けごんじ》・阿含時《あごんじ》・方等時《ほうとうじ》・般若時《はんにゃじ》・法華涅槃時《ほっけねはんじ》の5期に分類したものをいいます。

まず華厳時とは、釈迦が成道《じょうどう》した後、海印三昧《かいいんざんまい》【＊5】という禅定に入り、その境地の中において、十方《じっぽう》世界から来集した菩薩や凡夫《ぼんぶ》に対して、21日間にわたり華厳経を説示しました。この時期を「華厳時」といいます。

この華厳経を依経《えきょう》として宗旨《しゅうし》を立てているのが、奈良東大寺に代表される華厳宗です。釈迦が説く大宇宙の教えです。

阿含時（鹿苑時《ろくおんじ》）とは、釈迦が華厳の教えを説示された後、菩提樹のもとを起《た》って鹿野苑《ろくやおん》に赴き5人の比丘に対して法を説き、おおよそ12年間説教をしたといわれる時期です。

これらの教えによって上座部《じょうざぶ》【＊6】の人々は、外道《げどう》の誤った因果観から離れることができましたが、空理《くうり》のみに執着し、もっぱら自己の得脱《とくだつ》だけを目指すという狭い境界に陥りました。このことから阿含経を小さな乗り物にたとえて「小乗」と称しています。しかし差別的な名称ゆえ、現在では上座部と呼ばれています。

この阿含経を依経とする宗派として、奈良仏教の倶舎宗《ぐしゃしゅう》・成実宗《じょうじつしゅう》・三論宗《さんろんしゅう》・和宗《わしゅう》があります。

方等時とは、釈迦が阿含時の次に説法された16年間（8年間説あり）をいいます。ここでは『解深密経《げじんみつきょう》』『楞伽経《りょうがきょう》』『勝鬘経《しょうまんきょう》』『阿弥陀経《あみだきょう》』『無量寿経《むりょうじゅきょう》』『観無量寿経《かんむりょうじゅきょう》』『大日経《だいにちきょう》』『金剛頂経《こんごうちょうきょう》』『蘇悉地経《そじつじきょう》』『維摩経《ゆいまきょう》』『首楞厳経《しゅりょうごんきょう》』『金光明経《こんこうみょうきょう》』等、数多くの教えが説かれています。

釈迦はこの方等時の説法で、阿含の小乗教に固執する弟子たちに対し、大乗の教えがすぐれていることを比較して示し、小乗の空理を弾劾・呵責《かしゃく》して弟子たちに恥小慕大《ちしょうぼだい》（小乗を恥じて大乗を慕うこと）の心を起こさせました。したがって、この方等時の教導を「弾呵《たんか》【*7】」したといいます。

方等時の経典を依経とする宗派には、浄土宗・浄土真宗・真言宗・法相宗《ほっそうしゅう》・禅宗等があげられます。

般若時とは、方等時の次に説法された14年間（22年間説あり）をいいます。『大般若波羅蜜多経《だいはんにゃはらみたきょう》』が説かれました。

釈迦はこの般若時において、前の方等時で、小乗を捨てて大乗を求める志を持った弟子たちに対し、仏の教法には本来、大乗と小乗との区別はないと説きました。

法華・涅槃時とは、釈迦が72歳より8年間にわたり、『法華経』を説かれ、さらに涅槃の直前の一日一夜、『涅槃経』を説かれた、この時期をいいます。

法華時とは、釈迦が方便《ほうべん》（比喩）をもって『法華経』のみが真の成仏の教えであると諭したものです。

この法華経を依経とする宗派に、天台宗や日蓮宗等があります。

釈迦は究極の法である法華経を説いた後、入滅に臨んで『涅槃経』を説かれました。

この涅槃経を依経とする仏教の宗派は、中国仏教の涅槃宗等があげられますが、日本には存在していません。

また涅槃経では、仏の教えが次第に深くなっていくさまを、牛乳の精製の過程で生ずる五味（乳味・酪味・生蘇味・熟蘇味・醍醐味）にたとえています。

「八経」は天台大師が教理内容の面から分類したもので、「化法《けほう》の四教」と「化儀《けぎ》の四教」とに分けられ、「化法の四教」とは、釈迦の教えの内容を分類したもので、蔵教《ぞうきょう》・通教《つうぎょう》・別教《ぎょう》・円教《えんぎょう》の4つをいい、「化儀の四教」とは、衆生を教導する方法を分類したもので、頓《とん》教《きょう》・漸教《ぜんきょう》・秘密教《ひみつきょう》・不定教《ふじょうきょう》の4つをいいます。

❖――釈迦の戦争論

釈迦の教説には、侵略などにより生存権が脅かされる状況に限り、自衛のためには不殺生《ふさつしょう》戒《かい》も絶対ではなく、防衛権の行使はやむを得ない場合があると説かれています。

釈迦族の国（シャーキャ国）は隣国コーサラ国の毘瑠璃《びるり》王に侵略されて滅亡します。そのせいか、仏教経典には戦争についての記載が多くあるのです。

もっとも明確に触れているのが『大薩遮尼乾子所説経《だいさつしゃにけんししょせっきょう》【*8】』です。この経典には釈迦が存命中のことが書かれています。

たとえば経典には、反逆者が国内に軍隊を蜂起させ反乱を起こした時、もしくは外国からの軍隊が侵攻してきた場合、いかに対処すべきか。

そこには、まず、国王は熟思深慮《じゅくししんりょ》すべきが肝要であるとあります。

そして、取るべき措置として、滅亡の危機に際し、「初期」「中期」「末期」と3つのレベルに応じて措置を講じるべきと示しています。

具体的に「初期」の措置では、3つの対応が記されています。

一つ目は、外部勢力が戦争を挑んでいるが、戦争をすれば双方に損害があり、互いに益がないと見れば和解策を講じる。

それには外国の指導者の親友、信頼するもの、または徳の高い人を仲介とすべきだと記されています。

次に、もし敵が勝利を確信し、和解に応じない場合、敵の願望している要求物を与えて阻止するとあります。

そして、我が軍は軍力を増強し、難攻不落の体制を示し、敵に脅威を感じさせて戦争に至るのを防ぐ。これが危機の初期に取る措置です。

危機的状況が「中期」以上となり仲介者、物求承認、および敵に脅威を与えるなどの3方法を使用してもなお、敵の戦争意欲を停止することが不可能である場合においても、また、3つの措置を講じるのが肝要とあります。

それは敵が無謀に人民を殺害しようとしていたとしても、我が軍は敵対する国の人民を殺傷しない。そして、あらゆる手段を講じて和平を努力すると同時に、あらゆる方法を講じながら敵の行動の自由を喪失させ、戦争ができないようにするということです。

この3つの行動を仏教では慈悲心の実践と申します。

このように、戦争を回避すべく和平解決の努力をしてもなお、相手がこれに応じず、反乱を誘発し、あるいは外国勢力が侵略して危機的状況が「末期」に突入した場合、すみやかに防御戦をするべきとあります。

すなわち不殺生戒の対極である戦争は、極限においては可能だと経典は説いているのです。戦争になれば不殺生戒を破ることになります。ですがその破戒の罪は軽微であり、懺悔《ざんげ》で滅し得る程度のものとされるのです。

その理由は指導者が戦争に先立ち、3つの慈悲心を実践したからだと経典は示しています。

こうした戦争観は仏教に限ったことではなく、さまざまな宗教に類似したものがあります。例えばキリスト教の「正しい戦争（Just War）」はこれに相当します。

つまるところ、仏教の教義では侵略戦争を禁止していますが、防衛においての戦争は認める。また、平時からの軍備の存在を前提とする、防衛にともなう軍事力行使は容認しているのです。

他にも仏教経典『勝鬘《しょうまん》師子吼《ししく》一乗《いちじょう》大方便《だいほうべん》方広経《ほうこうきょう》【*9】』略して『勝鬘経《しょうまんきょう》』には「折伏《しゃくぶく》摂《しょう》受《じゅ》」が説かれています。

ここで重要なのは「折伏《しゃくぶく》【*10】」と「摂受《しょうじゅ》【*11】」という句があることです。

重悪には勢力を結集して対抗し、軽悪には道を説くことが肝要とあり、この『勝鬘経』は聖徳太子が注釈書として『勝鬘経義疏《しょうまんぎょうぎしょ》』を著していることからもうかがえます。

仏教では慈悲心の実践をたとえる言葉に「大医王《だいいおう》【*12】」があります。

内科の医師は患者の内服薬で治療するが、これは「摂受」にあたり、外科医が患者の病症が全身に広がり悪化するのを防ぐためにやむなく手足を切断するのが「折伏」にあたります。

内科、外科の治療は、ともに患者の病根を取り除くための最善の処置であり、その方法は違えども、どちらも病人に対する慈悲心の実践です。

もし、敵国の侵略を防ぎ、生存権を確保するための行為にこれをなぞらえるとしたならば「外交」にあたる「摂受」、「武力」にあたる「折伏」の双方の手段が講じられるべきと解釈できます。

『大無量寿経《だいむりょうじゅきょう》【*13】』には、「天下和順《てんげわじゅん》。日月清明《にちがつしょうみょう》。風雨以時《ふううじ》、災厲不起《さいれいふき》。国豊民安《こくぶみんなん》。兵戈無《ひょうがむ》用《ゆう》。崇徳興仁《しゅうとくこうにん》。務修礼譲《むしゅらいじょう》」（世の中は穏やかに治まり日月は清らかに明るく照らし、風雨も時に応じ、災害や疫病は起きず、国は豊かに富栄え、民は安心して過ごしている。戦争もなく人々は徳を崇めて仁を尊び、努めて素直にし、礼儀と謙譲の道を修める）とあります。このように天下泰平と人々の安寧が理想の姿ですが、そういかないのが現実世界です。

理想だけでは世の中は回らないということを、釈迦は教説しているのです。

❖――釈迦の「死後」に対する回答

　生きているうちに人は、「死んだらどうなるのか？」という問いの答えに思いをめぐらせて惑うことがあります。ある時、釈迦は弟子から「死後の世界があるかどうか」と問われました。釈迦は答えます。

「ある男が毒矢に射られて重症だとしよう。その男は息も絶え絶えに言う『私を射た者はバラモン（司祭者・祭祀者）か、クシャトリア（王族・戦士）か、ヴァイシャ（商人・農民）か、シュードラ（職人・奴隷）か、また、射た矢はどんな材質か……それらがわかるまで、矢を抜いてはならない。それを今、知りたいのだ』と。そのうちに毒がまわって男は息絶えるだろう」

　弟子の問いはこの男と同じで、人間の本質的な苦しみを取り除くこととは関係のない愚問です。

　つまり、「語るに値しない」というのが釈迦の回答でした。

*1【摩訶迦葉】大迦葉《だいかしょう》とも呼ばれ、釈迦の十大弟子の一人。仏教教団における釈迦の後継とされ、頭陀《ずだ》第一といわれる。

*2【結集】釈迦の言葉の整理。

*3【教相判釈】中国をはじめとする漢訳仏典圏において、仏教の経典を判定し、解釈したもの。略して教判ともいう。

*4【天台大師】中国の南北朝時代から隋にかけての僧侶。天台教学の大成者であり、天台宗の開祖である。天台大師、智者大師ともいう。

*5【海印三昧】不動の禅定に入った仏の境地。

*6【上座部】己一人解脱することを目的とする行者のことをいう。

*7【弾呵】誤解を強く叱ること。

*8【大薩遮尼乾子所説経】釈迦が、もとジャイナ教徒サッチャカに、自身の修行時代、行法を含め、包括的に仏法を説いていく。

*9【勝鬘師子吼一乗大方便方広経】仏教における中期大乗仏教経典の一つ。コーサラ国の波斯匿王《はしのくおう》の娘で在家の女性信者である勝鬘夫人《しょうまんぶにん》が説いたものを釈迦が認めたとされ、一乗真実と如来蔵の法身が説かれている。

＊10【折伏】悪人・悪法を打ち砕き、迷いを覚まさせること。人をいったん議論などによって破り、自己の誤りを悟らせること。

＊11【摂受】心を寛大にして相手やその間違いを即座に否定せず反発せず受け入れ、穏やかに説得することをいう。

＊12【大医王】仏や菩薩の呼称の一つ。仏や菩薩が衆生に法を説くことを、すぐれた医師が病人を治療することにたとえていう。

＊13【大無量寿経】法蔵菩薩が世自在王仏《せじざいおうぶつ》のもとで願《がん》を立て、それを成就して阿弥陀仏となり、極楽浄土を建設することを説く。

第12章 釈迦の予言

❖——予言と預言の相違

「よげん」という言葉は二つの漢字で表記します。一つは「予言」、もう一つは「預言」です。日頃私たちは何気なく「予言・預言」と書いていますが、それは無理からぬことです。私は過去に高校で教壇に立ち、現代国語を教えていましたが、どちらの漢字を書いたかも記憶にないのです。

それには理由がありました。予言には「予め《あらかじ》」の意味があり、預言には「預《あず》かる」の意味がありますが、しかし、「予」にも「あずかる」の意味、「預」にも「あらかじめ」の意味があり、予言と預言は同義で、本来は使い分けの必要がある漢字ではないのです。

ところがこの言葉、似て非なる意味があります。

「予言」は事件・事故、戦争や自然災害等を科学的に予測する時に用いる言葉と漢字で、昨今では占いやオカルト分野の広範囲で使用されています。

一方の「預言」は、「預言者」の必然性がともなってきます。

預言は、人間と神との契約や警告の意味を持っています。具体的には神が民衆を救う代わりにルールを守らせます。

旧約聖書【＊1】で有名なモーセ【＊2】はシナイ山で神から十戒【＊3】を授かり、後に神のお告げにより、ヘブライ人をエジプトから逃れさせます（『旧約聖書・出エジプト記』）。

つまり「預言」は宗教に限ってのみ使われるので、予言は予測なので的中率がありますが、預言は「神・仏」の言葉を伝えるものなので、的中率ではなく１００％絶対なのです。

❖——秘密経『法滅尽経《ほうめつじんきょう》』と『月蔵経《がつぞうきょう》』

釈迦の入滅後、後世に教法が滅尽《めつじん》することを憂慮した仏教徒は多数の経典類を編纂します。それらは中国に伝えられ、特に『法滅尽経』と『月蔵経《がつぞうきょう》』の二経は、末法《まっぽう》の終着点というべき、終末の予言経として陸続《りくぞく》として伝承されています。

古今東西、過去から現代に至るまで、さまざまな「予言者」がいました。その数多《あまた》の予言者の中でも、最上級にして最大の「予言」と豪語してもよいほどの予言者である釈迦の予言、『法滅尽経』と『月蔵経』をお話しいたします。

❖——『法滅尽経』について

『法滅尽経』は「経」と書かれているように、お経の一つですが、普通の僧侶は知りえません。ましてや一般の人々がその名を聞くことはほとんどないと思われます。ごく一部の僧にだけに密かに読み継がれてきた「秘密の経」です。

筆者は、おやま（高野山）の修行時代に師から直伝されましたが、自身が理解できるまでは人に伝えてはならないと厳しく言われていました。

それを今開示するのは、この経の内容が、現代の混乱した世相そのものを表し、とりわけ日本の将来についての予言が述べられているからです。

また昨今では、何でもネットから情報を引き出すことができます。大事なことでさえ情報として載せてしまっています。かくいう筆者もネットの情報のお世話になっていることも事実です。

しかし口伝《くでん》として伝えていかなければならない「もの」はしっかり口伝として伝えるべきなのです。そうしないと誤った理解となり、それがさらに誤った情報として伝わっていってしまう、いわゆる伝言ゲームになりかねません。

しかしそれをあえてお話しするのは、今ならまだ間にあうと考えたからです。

さて『法滅尽経』は、5世紀後半に活躍した中国僧の僧祐《そうゆう》【*4】（445－518）が撰述《せんじゅつ》した『釈迦譜《しゃかふ》』【*5】に書かれています。

一説には、仏法の流布期間である「末法《まっぽう》」を飛び越えて、いきなり法が滅尽した時の恐ろしさを説いていることから、偽経《ぎきょう》だともいわれているようですが、あえて管見《かんけん》を述べるに、筆者は釈迦が高弟たちに口伝として伝えたものであることは確かだと考えています。

それはこの経（法滅尽経）の内容が、人間の「業」ともいうべき核心をついているからです。釈迦は人間の弱き心、悪き心を見抜いていました。それゆえに、仏法の教説と実践に励むよう諭していたのです。僧祐自身は失訳だと言いながらも経として著したのは、釈迦と同じように、人間の「善」なる魂を信じていたにほかならないと思うのです。ですから筆者は偽経として排斥できないのです。

❖───『法滅尽経』　釈正輪和訳

正法《しょうぼう》500年、像法《ぞうほう》千年、末法1万年の3時を過ぎると、仏法は消滅すると説く予言の経。

一時、釈迦はクシナガラに滞在していた。それは3か月ほどでまさに涅槃へと向かう頃であった。菩薩や修行僧は立ち上がり、数えきれないほどの民衆が地に頭をつけて敬礼している。釈迦は静穏に黙止して光明はない。賢き弟子の阿南は、お辞儀をして丁寧に申し上げる。

「釈尊（釈迦のこと）。説法がなされる前後には、威光が自然に顕れます。今日、民衆は多く集まりましたが、光はなぜか顕れません。どうしてでしょうか。必ず理由があるはずです。その真意をお聞かせ願います」

釈迦が黙ったまま応じないので、阿南が3回同じ質問を繰り返すとようやく口を開き告げた。

「私の死後、宇宙の真理を滅しようとする時が来る。五逆の罪を犯し、世は汚れ魔道がはびこり盛んになる。悪魔が僧侶を指導し仏道を乱し破壊する。そのような僧侶は俗人の服を楽しみ、避けるべき五色の袈裟を好んで着る。そして酒を飲み、肉を食べ貪る。慈悲の心もなく互いに嫉妬し合うだろう。しかし、やがて時がくれば、菩薩や単独で悟りを得る聖者、仏教の聖者が現れ、精進し徳を修めるであろう。

待ち望んでいた民衆は彼らを敬う。人々は根源に向かい平等を大切にするようになり、貧者を憐れみ老人のことを常に気にかけ、災難にあった幼きものを養うであろう。彼らは釈迦の教説を用いて、世のため、人のためになることを指導し、常に善行を積む。人を傷つけず、自身や物に執着せず、保身することなく迫害にも耐え、他を思いやり慈しむ。

一方では、悪魔に指導された民衆、僧侶たちが嫉妬して彼らの悪口を言い、根も葉もない噂を流す。そして、罪を着せて追い払いどこにも住めなくさせて、善行を修めさせないようにするだろう。寺は閑散として荒れ果て、仏塔が壊れ、転がっていても修理し直すこともせず放置したままである。魔に導かれた者たちは、欲深く財物を集めて独り占めし、善行も施しもしない。

そして、田を耕す奴隷を売買し、山林に火を放ち民衆を傷つけ慈悲心などない。戒律を守らぬ偽物の僧侶や尼僧は、道徳もなく男女の区別なく乱れ交じり、修行も勉強も行わず、税や徴兵から逃れるために仏門に入り、自我にすがりつく。

気まぐれで得意気に戒律をとなえるが、質問されることを嫌い、前後を省き都合よく解釈して、経を習うこともしない。また、読経はするが内容も意味もわからず、人に読経を強いて善なる方向に導かず、名誉や高い貢物を欲しがり、宮廷人のように優雅に歩き、富栄える為に人の供養を切に望む。このような魔に導かれた人々や僧侶たちは死後、選択の余地なく五逆の罪と同じ無間《むけん》地獄に堕ちる。

しかし、たとえ餓鬼畜生が従わずとも経文は未来永劫滅しない。三宝（仏・法・僧）あるところに罪は生まれず。

仏法が滅しようとする時、女は精進し常に善行を積もうとするが、男は怠けて、おごりたかぶり法語を無視し、僧侶をけがらわしい目で見て信仰心もない。

仏法が今にも死に絶えようとする時、神々は嘆き悲しみ天に上られ、日照りが続き五穀も実らず気候も乱れる。疫病が流行して死者が増す。民衆は苦しむが、役人は自分たちのことしか考えない。人々は道理に従わず、快楽を求めて乱れ、海中の砂の数ほど悪人が増え続け、善人は一人か二人とはなはだ少なくなる。欲望を追い求め尽きることがないゆえに、時は短くなり人の命も短くなる。40歳で白髪となり男は性的にみだらで精根つき若死にする。長く生きても60歳だろう。一方、女は長生きし100歳まで生きる。

ある時、突然洪水が起こり静まる気配もなく、人々は不安に恐れおののき尋常ではいられなくなる。富める者、貧しい者も関係なく多くの民衆が溺れ死んで魚や亀の餌食となるだろう。そこで菩薩や聖者、彼らに付き従う者を魔に導かれた者たちは追い払い集まらせないようにする。そのため、菩薩たちは福徳の地である聖山に向かう。彼らは戒律を守り心穏やかで喜びに満ちて寿命も長い。そして、天上界の神仏に守られた月光菩薩が世に出て仲間と共に仏法を興し、52年間諸々の経を説いて行を行うが、段々と滅し最後にはその文字を目にすることさえなくなる。

僧侶は青黒などの雑多な色ではない原色の不正色《ふしょうじき》、白い袈裟を着るようになる。仏法が滅する時をたとえると、ともしびが消えようとする瞬間、光がしばらく明るくなるように一時盛んになり、その後さらに滅する。その後の定めを話すことはできないが、数千万年を経て弥勒《みろく》菩薩【*6】が世にあらわれ仏法を説く。その後、天下泰平の世となり魔は消えさる。雨は大地を湿らせ五穀豊穣となり、樹木も人も背丈が伸びて寿命も8万4千歳まで延びて集計不可能となる」

阿難は発光する釈迦に礼拝して言う。

「このお経の名は何と申されますか。そして誰に伝え、捧げればよいのでしょう」

釈迦は言う。

「阿難。この経の名は法滅尽経である。広く人々に告げ知らせ、この経は相手を見て分別せよ。その功徳ははかりしれない」

出家、在家の弟子はこの経の悲惨さに嘆き悲しみ落胆するが、皆さらに聖なる真理の道を歩もうと発心して、釈迦に礼拝し退座していった。

❖——『法滅尽経』の内容

仏教の歴史観では正法《しょうぼう》・像法《ぞうぼう》・末法《まっぽう》といわれます。正法の時代には教えと修行とその結果の悟りがあり、像法の時代は教えと修行だけになり、末法の時代には教えだけになってしまうといわれ、まだ「仏」の救いの道は開かれているといわれますが、しかし『法滅尽経』では、「仏」の加護も救いも、もはや存在しないと説いています。

法滅尽の時とは、末法到来のそれとはくらべものにならないほど深刻なのです。

浄土真宗の宗祖親鸞【*7】は『和讃《わさん》』の中でこのように詠んでいます。

浄土真宗に帰すれども
真実の心ありがたし
虚仮不実《こけふじつ》【*8】のわが身にて
清浄の心もさらになし

外儀《げぎ》【＊9】のすがたはひとごとに
賢善精進《けんぜんしょうじん》現ぜしむ
貪瞋邪偽《とんじんじゃぎ》【＊10】おほきゆゑ
奸詐《かんさ》【＊11】ももはし身にみてり

悪性さらにやめがたし
こころは蛇蝎《だかつ》【＊12】のごとくなり
修善《しゅぜん》も雑毒《ぞうどく》なるゆゑに
虚仮《こけ》の行とぞなづけたる
（引用：仏教用語解説サイト・WikiArk・「正像末和讃」悲歎述懐（94）から（96））

これは法の消滅しない時代に、親鸞が詠んだものですが、それでも善をなすことの難しさを言っています。いわんや、法が滅してしまったのなら、仏の救いもないのですから、人々のよるべもなく、善など行えるはずがない。人は自らが悪を行っているのか、それとも善を行っているのかさえわからなくなっているとも。

なぜなら、善悪の判断の基準でもある法が、もはや存在しないからだと。いずれにしても、法がなくなってしまったら、私たちは何もできず、やがて滅びてしまうということなのです。

この『法滅尽経』の特筆された部分は、経の前文にもありましたように、特に留意されるのは、法が滅しようとする時の、僧侶の道徳的退廃の多くがあげられることです。これでもか、これでもかと堕落をあげています。

本経が説かれた意図の一つに、僧侶の僧侶たる姿勢を戒め、我々僧侶に、仏教本来の姿である使命に目覚めさせようとしたものがあると読み取れます。

私も含め、現代の僧界は酷いものです。

葬式と年忌法要を軸に、マンション経営に霊園管理等、僧侶本来の仕事ではないことに勤《いそ》しんでいます。

高級外車を乗り回し、日々美食に舌鼓を打つ。

経もろくに読めず説法などもできない。高額な布施《ふせ》を強要する。

ある仏教学者は「仏からの働きを感ずることができなかったら、僧侶としては毎日が地獄。仏の働きを感じ、その救いにあずかれるか否かが、僧侶としての分かれ道」だと語っています。まさにその通りだと感じます。

仏の働きを強く感じる人たちとは僧侶のことですから、彼らは仏の働きに守られ、それを寄る辺として生きているからです。寄る辺や道徳の基準が失われたのだから、彼らは知らず知らずのうちに、さまざまな欲望、煩悩に翻弄されていきます。人を導くどころか貪り嘘をつく。すなわち、道徳的退廃は人々を救う僧侶の中に起こってくるのです。

やがて道徳的退廃は、一般の人々の中にも起こり、人々は悪をしている意識はなく、諸々の悪を無意識でする。それは人心の乱れとなり、政治経済の混迷から、紛争や戦争の引き金となり、人間同士の不信が蔓延します。

❖――『法滅尽経』の説く予言のまとめ

先のことが想定される「法滅尽」の世界です。

ではいったい『法滅尽経』が何を予言しているのかについて説明いたします。

法が滅しようとすると、五逆《ごぎゃく》【＊13】の罪を犯すものが現れ、それとともに、魔道（悪魔）が勢いづき、仏道を乱し、破壊しようとします。このため悪魔は僧侶に変身し、さまざまな悪を始めるのです。

ここで留意されたいのは、悪魔が勢いづき、僧侶に変身する様なのです。これは僧侶の内面や外面で如実に現れてきます。現代の僧界がまさにそれで、なんとも弁解できない現状に嘆くばかりです。

続けて列挙すれば、次のごとくです。

一　雑色《ざっしょく》ではなく、色彩豊かな五色の袈裟を身にまとう。
二　酒を飲み、殺生をし、肉を貪り美食を求める。
三　真面目に仏道修行をする人を憎悪したり、嫉妬し非難する。
四　寺院が荒れ果てても修繕せず放置する。
五　財物を貪り、蓄え、決して施しをしない。
六　田を耕す奴隷を売買する。
七　男女の区別に関係なく、性的に乱れる。
八　戒律を守らず勉強もしない。
九　仏教を学ばないため、経が読めず内容も理解していないので説法もできない。
十　傲慢で地位と名誉を求める。

次に一般人のありようと、天候や病気のことが説かれます。

一　女は精進し功徳を積むが、男は信仰心などなく傲慢で僧侶をさげすむ。
二　日照りが続き五穀は実らず、疫病が流行し、死者が増える。

三　民衆が不作や税に苦しんでいても、役人は自分たちのことしか考えず、善人より悪人が増え続ける。
四　欲望を追い求め、尽きることなく、寿命も短くなる。
五　大洪水が起こり、多くの民衆が魚の餌となる。

これらは、新約聖書の言葉に非常に似ていると思うのです。

❖──救世主、弥勒菩薩《みろくぼさつ》の下生《げしょう》

『法滅尽経』の内容についてはまだまだ書き足りませんが、紙幅の関係上、具体的な説明は割愛させていただきます。

さていよいよ最後の予言、「弥勒菩薩」についてお話しいたします。

「是《かく》の如き後、数千万歳、弥勒、当《まさ》に世間に下り、仏と作《な》らんとす。天下泰平にして毒気《どっき》消除《しょうじょ》し、雨は潤い和適《わてき》し、五穀は滋茂《じも》し、樹木は長大し、人の長《たけ》は八丈なり。皆、寿八万四千歳にして、衆生の度を得ること、称計《しょうけい》すべからず」

【解釈】

その後、数千万歳して、弥勒が世間に降り、やがて仏となります。すると天下は泰平になり、毒気もなく、雨もほどよく降り、五穀はよりよく実ります。樹木は大きく育ち、人の身長は8丈（約24メートル）にもなります。寿命は8万4千歳になり、救われるものの数は限りがありません。

いかがでしょうか。法が滅し、暗黒の時代が長く続きますが、数千万年後に、「弥勒菩薩」が兜率天《とそってん》【＊14】からこの世に降りてこられる。すると天下は泰平となり、ふたたび人々の寿命も延びて、多くの人々が救われるとしています。

ところで、ここに疑問がわいてきます。法が滅してしまったのに、いったいどうして救世主として弥勒が現れるのかです。

よくよく読んでみますと、この経の意図するものが見えてくるのです。

実はこの『法滅尽経』は、極悪の世にある僧や人々を、再度仏道に向かわせるための経典なのです。

弥勒菩薩は、『弥勒下生成仏経《みろくげしょうじょうぶつきょう》【*15】』や『弥勒大成仏経《みろくだいじょうぶつきょう》【*16】』に説かれています。現在でも北の方角にあるとされている兜率天で修行をなされており、仏滅後56億7千万年後にこの世に降臨され、「仏陀」となられ、生きとし生きるものをお救いくださるという菩薩です。ですから、弥勒菩薩が降りてこられるということは、人々が救われるのみならず、天下が泰平となり、自然も元へ戻るのです。

❖――『法滅尽経』の意味するものとは

このような恐ろしい内容の経文ですが、なぜお釈迦さまは、多くの人々に伝えよと言われたのでしょうか。しかも、一切の人々に説くことは、その功徳が非常に大きいとまで言われます。

さまざまなお経の中には書写すれば、多大な功徳が得られると説くものもありますが、『法滅尽経』の場合には、人々に説くことの大切さを強調している点が注目されます。

お釈迦さまが亡くなられた後の不安な時代や、人々が極悪になる、いわゆる法が滅し尽されようとする世界を説いたものだともいえます。


そこで再度なぜ、それをお説きになったのか。

人間には悪き「業」が内在しています。ゆえに間違いを犯します。人間は絶えず自分主義な生き物です。自身の都合で生きています。ですから時代はいつも混沌とし、人は争い殺し合います。

ですからお釈迦さまは、そのことをとても心配なされたのです。つまり、属性の中にあっても、少しでもよい方向に、あるいは幸せに導いてやりたいという仏の慈悲が、この経を説かれたのです。

＊1【旧約聖書】ユダヤ教およびキリスト教の正典。「旧約聖書」という呼称は、旧約の成就（イエス

は神との契約（律法）を実行した）としての『新約聖書』を持つキリスト教の立場からのもの。

＊2【モーセ】ユダヤ教・キリスト教・イスラム教など、多くの宗教において、最重要な預言者の一人とされる。

＊3【十戒】モーセがシナイ山にて、神より授かったとされる、人間に対する義務と責任について示されている。

＊4【僧祐】中国の斉《せい》・梁《りょう》代の学僧。中国における仏教の歴史を明らかにしようと志した。

＊5【釈迦譜】諸々の漢訳仏典を引用することによって編まれた仏伝。五巻まである。

＊6【弥勒菩薩】マイトレーヤ、メッテャと呼ばれ、仏教において釈迦牟尼仏の次に現れる未来仏。

＊7【親鸞】鎌倉時代前半から中期にかけての日本の仏教家。浄土真宗の宗祖とされる。

＊8【虚仮不実】うそ偽り。

＊9【外儀】外面に現れた姿や立ち居振る舞い。

＊10【貧瞋邪偽】むさぼり、いかり、よこしまな心、いつわりの心、人をあざむく心が数限りなく起こること。

＊11【奸詐】うそをついて人をだましたり、悪い計略をめぐらして人を陥れたりすること。

＊12【蛇蝎】人が恐れ嫌うもののたとえ。

＊13【五逆】①母を殺す ②父を殺す ③聖者を殺す ④仏の体に傷をつける ⑤教団の和合を破壊し分裂

させる

＊14【兜率天】仏教の世界観における天界の一つであり、三界のうちの欲界における六欲天の第4の天である。

＊15【弥勒下生成仏経】弥勒三部経の一つで、弥勒降臨後の世界。

＊16【弥勒大成仏経】大乗仏教経典の一つで、弥勒三部経の一つ。

第13章 法華経の教える未来世

❖——妙《みょう》法《ほう》蓮《れん》華《げ》経《きょう》第《だい》十《じゅう》五《ご》従《じゅう》地《じ》涌《ゆ》出《じゅつ》品《ほん》【＊1】について

『従《じゅう》地《じ》涌《ゆ》出《じゅつ》品《ほん》』とは、『妙《みょう》法《ほう》蓮《れん》華《げ》経《きょう》 従《じゅう》地《じ》涌《ゆ》出《じゅつ》品《ほん》』のことをいいます。天台宗や日蓮宗では『法華経』を読誦《どくしょう》しますが、この第十五を読むことはまれです。ゆえにその内容や意味を知る僧はほとんどいません。

興味深い内容ですので、ぜひご紹介したいと思います。

経の内容を説明いたしますと。

釈迦入滅後の末法時に、法華経の弘通《ぐずう》を担う地涌《じゆ》の菩薩【＊2】が出現することを、釈迦みずからが明かすというものです。

筆者は天台宗、曹洞宗の僧侶でもありましたので、日々、妙法蓮華経如来寿量品《にょらいじゅりょうほん》第十六【＊3】を読誦しますが、この従地涌出品はその前の十五品でありますから、とても重要な役割を果たしています。

釈迦が妙法蓮華経安楽行品《あんらくぎょうほん》第十四【＊4】の説法を終えられますと、他の方々《ほうぼう》の国土から来ていた無数の菩薩たちが立ち上がり、「もしお許しくださいますならば、私どももこの娑婆世界に留まり、釈迦のご入滅後もこの教えを護持《ごじ》し、説き広めたいと存じますがいかがでしょうか」と申し上げます。

釈迦は、「お志はありがたいが、その必要はありません。この娑婆世界には、ずっと昔から無数の菩薩たちがおり、法華経を説き広める役目は、その人たちがやってくれるからです」とお答えになりました。

その瞬間、大地に無数の割れ目ができ、そこから、ほとんど仏に近いような貴相《きそう》を備えた菩薩たちが、数えきれないほど湧き出してきたのです。その中の指導者格である上行《じょうぎょう》・無辺《むへん》行《ぎょう》・浄行《じょうぎょう》・安立行《あんりゅうぎょう》という四大菩薩が、お釈迦さまの前に進み出てご挨拶を申し上げますと、お釈迦さまは、大変親しげにそれぞれにお答えになります。

そのありさまを拝していた弥勒菩薩をはじめとする、娑婆世界の菩薩たちは、「このような立派な菩薩方はいったいどこから来られたのか、どういう因縁の人たちなのか」という疑問を抱きました。

そして、弥勒菩薩がそのことをお釈迦さまにおたずねいたしますと、「大地から湧き出したこれらの菩薩たちは、私が娑婆世界において悟りを開いてから教化《きょうけ》したもので、今まで娑婆世界の下の虚空に住していたのです。そして、この菩薩たちは、はるかな昔から私が教化してきたのです」とお答えになります。

さあ、いよいよわからなくなりました。お釈迦さまが悟りをお開きになってから、まだ四十余年しか経っていないのに、ほとんど無数ともいうべきこの人たちを、しかも仏さまに近いほどの立派な菩薩に育てられたということは、どうしても腑に落ちません。それに長い間、仏さまのおそばにお仕えしていたのに、この人たちを一度も見たことがないのです。

かと思うと今度は、「実ははるかな昔から教化してきたものである」とおっしゃるのですから、まったく頭がこんがらかってしまいそうです。たまりかねた弥勒菩薩が率直にそのことを申し上げて、教えを請うところでこの品は終わっています。

これを筆者なりに解釈してみました。

突然、大地のいたる所に亀裂が走り、その裂け目から幾千万億という求法《ぐほう》者の大集団が、多宝塔と称するマザーシップを旗艦に出現し、次々と空中に静止します。

浮上する物体の中から出てきた彼らの体はみな金色で、偉人が持つとされる三十二の特徴を備えていました。そして、釈迦牟尼如来《しやかむにによらい》と多宝如来《たほうにょらい》を礼拝し、釈迦の分身たる如来たちへも礼拝しました。

しかも驚くべきことに、一人ひとりが偉大な聖仙で、大神通力と前世の記憶を持ち、多数の随伴者を連れ、見た目も美しい。これが「地涌《じゆ》の菩薩」です。

先に参集していた如来たちが、「こんな様子はいまだかつて見たことがない。彼らは何者で、どこから来たのか」と、不思議に思ったのも無理はありません。そして釈迦は皆の疑問に次のように答えるのでした。

此諸菩薩。皆於是。娑婆世界之下。此界虚空中住。
(従地涌出品第十五)
諸々の菩薩たちは、この地上世界の下にある、中空の世界に住んでいる。

大地から出現した無数の菩薩たちは「地下の虚空界」の住人でした。人類の祖先ともいうべき彼らもまた、かつて釈迦が、仏の教えに到達できるように教化した者たちでした。彼らは神々と人間の近くには寄らず隠棲《いんせい》し、仏の知恵に没頭している者たち。彼らこそ釈迦入滅後の末法において、法華経を真に託された者たちだったのです。

さて、いかがだったでしょうか。

法華経は「譬喩《ひゆ》」の教えともいわれていますが、まさにSFの世界観をハリウッドで映画化したような、大スペクタルの映像が想像できます。

そこでもう少しだけ、法華経の面白い内容にお付き合いください。

❖――不思議な妙法蓮華経法師品《ほっしほん》第十と妙法蓮華経見宝塔品《けんほうとうほん》について

法華経とは、聖徳太子の時代に伝来したといわれる大乗仏教【*5】の経典で、サンスクリット

【*6】では『サッダルマ・プンダリーカ・スートラ』（正しい教えである白い蓮の花の経典）といいます。今からおよそ2千年くらい前に成立したという説が有力です。

西域から長安に来た鳩摩羅什《くまらじゅう》【*7】（クマラジーヴァ）訳の『妙法蓮華経』八巻二十八品がもっとも親しまれ、一般に日本でいう法華経はこの版にあたります。

聖徳太子をはじめ、最澄や鎌倉時代の宗教指導者である日蓮【*8】や法然【*9】、親鸞に道元なども、みなこの鳩摩羅什訳『法華経』を学びました。

法華経は仏教の開祖の釈迦が説いたとされています。漢語では「釈迦牟尼如来《しゃかむににょらい》」と記されています。

法華経を読む上で大切なところは、「如来」の他に「菩薩」の登場も多く、「菩薩」とは、仏の智・悟りを求める人々もしくは修行者のことをいいます。

法華経は日本仏教の中核的経典であり、とても長文ですが、内容的には多種多様なエピソードや物語と教えがセットになっています。時にはファンタスティックでスピリチュアル、そしてオカルト要素が満載です。過去世や未来世にまつわる輪廻転生や、預言、超能力、さらにUFOまでが、これでもかと登場してきます。

さて、その摩訶不思議な記述を紹介しましょう。

「妙法蓮華経法師品第十」では
釈迦牟尼如来は、特定の菩薩のみならず、鬼霊も含めさまざまな階層の人々に向かって、繰り返し「未来世において必ずや如来となる」という予言をします。そして、釈迦本人入滅後の末法において、誰が経典を広めていくのかというテーマになっていくのですが、それが「法師（教えを説く人）」であるといいます。さらにどんな迫害にあっても教えを説き、守り抜け、という激励をします。

「妙法蓮華経見宝塔品」では

突然、巨大な色とりどりの美しい宝塔が地中から出現し、空中に静止します。ただし、高さと幅の比が2：1なので、巨大だが短軀の「塔」です。無数の宝石の環があり、鈴が吊るされています。そして、その宝塔から「素晴らしい、その通りだ」と釈迦と法華経をほめたたえる大音声がします。

その声の主が多宝如来（プラブータ・ラトナ＝「多くの宝玉」の意）。漢語文では、多宝如来は、大昔からある東方へ1千万億の59乗の世界を超えたところにある宝浄国の如来とされています。ただ、原典ではそれが東方ではなく「下方」と記されており、「ラトナ・ヴィシュッダ（宝玉によって清浄な国土）」と呼ばれています。

その「多宝如来」は、太古の過去世において法華経の経説を聴くことで完全なる悟りに達しており、それゆえに大宝塔を建立した存在とされ、彼は釈迦と法華経の正しさを証言するために、この巨大宝塔とともにやってきたのでした。

この多宝如来と釈迦牟尼如来にはある約束事があり、それは多宝如来が出現する時、釈迦が全宇宙に派遣している法華経伝道の分身如来を呼び戻すということでした。

〝娑婆世界〟が一挙に浄化されるとともに、彼らがこの場に参集しはじめます。しかし娑婆世界だけでは慈悲心が足りないので、周辺八方の２百万億の世界も浄化されました。

こうして無数の如来たちが各自の席に坐ると、釈迦は空中に立ち、巨大宝塔の扉を開いたのでした。中には体のやや衰えた「多宝如来」が座っていました。彼は釈迦をほめたたえ、席を半分譲ります。釈迦は座り、こうして空中に浮かぶ巨大宝塔の真ん中に二人が並んで座り、釈迦は再び説法を始めました。

❖――やがて人類は精神的な大改造をする？

これまでの話を要約すると、我々衆生に対して、釈迦は「未来世においておまえたちは必ずや如来になれるのだ」という予言を放った後、巨大な宝塔が出現して空中に静止。そして、次に地底から超人的な存在が大量に出現して、釈迦が末法の悪世における〝真理の担い〟を彼らに託した、という話なのです。

彼らは人類よりはるかに進化したある種のエイリアンで、精神的レベルも菩薩に達しています。

釈迦は地球人（地上人）の大変革を手助けするのが「地底からの使者」だというのです。釈迦が彼らに真理を託すということは、人類の未来を彼ら地底人に託したわけです。

❖――スノーデンの機密文書漏洩《ろうえい》とシャンバラ伝説

前述した釈迦の予言が想起されるような、驚くべき事象が数年前に話題になりました。それは、NSA（アメリカ国家安全保障局）CIA（中央情報局）の元職員で、現在はロシアに亡命中のエドワード・スノーデンが暴露した情報です。DARPA（ダーパ：国防高等研究計画局）の大半の人たちは地底に人類よりも、はるかに知的な生命体が存在していると確信しており、彼らが地球へ出入りする時に使用する高度な乗り物が存在するというのです。

地底文明に関しては、昔からさまざまな説がありますが、一般にはアガルタという国の首都シャンバラに住むアルザル人が有名です。釈迦の予言に残されているように、彼らと深い関係があるのかもしれません。私にはむしろ彼らはすでに形を変えて地上に現れていて、人類に気づきを促しているように思えてならないのです。

＊1【妙法蓮華経第十五従地涌出品】従地涌出とは、「菩薩が地より涌き出る」という意味で、この章「十五品」では、地涌の菩薩という、法華経のみに登場する特別な四仏「上行菩薩、無辺行菩薩、浄行菩薩、安立行菩薩」。この四仏について、弥勒菩薩が釈迦と問答をするというもの。

＊2【地涌の菩薩】釈迦がはるか昔に成仏して以来、ずっとその教化を受けてきた菩薩衆。釈迦が法華経本門を説こうとした時、大地より湧出したのでいう。本化《ほんげ》の菩薩ともいう。

＊3【妙法蓮華経如来寿量品第十六】釈迦の真の姿が説かれている、『法華経』の中で最も重要な教え。釈迦は久遠《くおん》の昔から仏であられ、過去・現在・未来と滅することのない、常住不滅の仏であることが明かされている。

＊4【妙法蓮華経安楽行品第十四】法華経の行者の心がけが説かれている。安楽行とは、安らかな気持ちで楽《ねが》って修行し、教えを説いてゆくことである。楽うということは自分の意志の力によること。

＊5【大乗仏教】出家・在家に限らず、すべての人が救われるという教え。対する小乗（上座部）仏教は、出家者のみが救われると考える。
＊6【サンスクリット】インド－ヨーロッパ語族のインド－アーリア語派に属する言語。梵語。
＊7【鳩摩羅什（クマラジーヴァ）】中国南北朝時代の訳経僧《やっきょうそう》（経典の翻訳を行う僧）。401年長安に到り「法華経」「阿弥陀経」など35部を漢訳した。
＊8【日蓮】鎌倉時代の仏教の僧。鎌倉仏教の一つである日蓮宗（法華宗）の宗祖。
＊9【法然】平安時代末期から鎌倉時代初期の日本の僧。比叡山で天台宗の教学を学び、「南無阿弥陀仏」と念仏を唱えれば、死後は平等に往生できるという専修念仏の教えを説き、のちに浄土宗の開祖となる。

第14章 弥勒菩薩についての予言書

❖――『月蔵経《がつぞうきょう》』について

次にお話しする『月蔵経』ですが、正式な経名は『大方等大集月蔵経法滅盡品《だいほうどうだいじつがつぞうきょうほうめつぼん》【＊1】』といいます。

この経典こそ、釈迦が人類の終末思想を説いた戒告の教えだといわれています。

先に、筆者は「おやま」（高野山）にいたころ、『法滅尽経』とこの『月蔵経』を師から直伝として学び授かったと話しましたが、師は文殊菩薩の智慧の一つといわれる、『宿曜経《すくようきょう》』を研究し、私に伝授されたのです。

理由は、『月蔵経』が「末法法滅の教えと戒告の書」であるならば、『宿曜経』は「末法法滅の予測を立てる占星術」だからです。

この二つの経は陰陽の合わせ鏡となっています。また、二つの経典は、『大方等大集経《だいほうどうだいじっきょう》』の中に記されている「日蔵分《にちぞうぶん》【*2】」と「月蔵分《がつぞうぶん》【*3】」がもととなっています。

釈迦はこの二つの経典を弟子たちに教え伝えはしましたが、「人心を惑わす経典」として使うことを戒めたともいいます。

私の師も、釈迦と同じことを私に言われ、「おまえ自身が理解し、時が来るまでは一切公表してはならん」と厳しく諫《いさ》められました。

その封印を解く「時」が2022年でした。2022年は3つのゾロ目年であり、次の3つのゾロ目は200年後です。そこで筆者は、この1年間は祈禱に集中しました。

新型ウイルス(COVID–19、通称コロナウイルス)の流行や、ロシアとウクライナの戦争等、まさに終末といっても過言ではない出来事が、これでもかと、人類を襲ってきています。

この3つのゾロ目年は、人類の大転換の年のため、私は「安定な世界と安寧な環境」になるよう祈念祈禱をしたのでした。

『月蔵経』は『西遊記』【＊4】で有名な三蔵法師、玄奘三蔵《げんじょうさんぞう》【＊5】によって翻訳され、遣唐使として中国に渡った伝教大師・最澄《さいちょう》【＊6】によって、『華厳経』【＊7】、『法華経』【＊8】、の『大般若経』【＊9】とともに日本に伝えられました。

一方、『宿曜経』は、『摩登伽経《まとがきょう》』、『大日経』などとともに、不空（金剛）三蔵【＊10】によって編纂され、恵果《けいか》【＊11】大阿闍梨に伝授され、長安の青龍寺《せいりゅうじ》で灌頂《かんじょう》【＊12】された弘法大師・空海によって我が国に請来《しょうらい》されたのです。

比叡山で広められた『月蔵経』は、数多くの弟子たちに伝えられましたが、中でも日蓮や法然、親鸞などは、『月蔵経』の内容を独自の解釈によって世に知らしめますが、特に日蓮は『立正安国論《りっしょうあんこくろん》』【＊13】を通じて法滅の予言をしますが、鎌倉幕府によって封印されてしまいます。

『宿曜経』は、高野山で暦、占星術として使われ広まりますが、江戸時代に入ってやはり封印されてしまいました。

その理由は、中国の諸葛亮孔明《しょかつりょうこうめい》が兵法（『遁甲術《とんこうじゅつ》』など）として使っていたことを知った戦国武将たち（源義家、武田信玄、徳川家康ら）が兵法、文学として活用したためでした。

❖――封印の経『月蔵経』の中身

『月蔵経』は月蔵菩薩が釈迦に問いかける問答のような形式で書かれている経典です。

『月蔵経』の原典は難解な箇所も多く、全体を引用するのは難しいので、予言に関した部分のみ抜粋することにしました。

「この世のあらゆる国に住む、悪天、龍、夜叉、羅刹《らせつ》【*14】、鳩槃茶《くばんだ》【*15】、餓鬼、毘舎遮《びしゃしゃ》【*16】、迦吒富単那《かたふうたな》【*17】、などは、非情で救い難い存在である。人々を助けることも、反省する心もない極悪非道の存在である。諸諸の名刹、沙門《しゃもん》、波羅門《ばらもん》、毘舎《びしゃ》および首陀《しゅだ》【*18】をたぶらかし、獅子や象、虎や大蛇、非時《ひじ》（仏教で食事を摂ってはならない時間）、暴風雨、疫病、飢饉などを起こして人々を苦しめる。

彼らは人々を殺害し、世の中を崩壊させ、あらゆる農作物を残害してしまい、正法の灯火を消してしまう。しかも地球上の一切衆生を絶滅させてしまう。このように、末法の世には悪業、悪鬼がまかり通って、滅法の世となるのである」

これが『月蔵経』の一部内容ですが、釈迦はすべてをその神通力で見透していたのです。

先の章で紹介した『法滅尽経』は、釈迦の予言書ともいうべき、『大方等大集月蔵経法滅盡品』の法滅盡品のくだりを経にしたものです。

釈迦は21世紀から始まる、人類への警鐘を促し、その後、日本では空海や日蓮が、この経典の封印を解き人々に警告するも、時の政府や高官・数多の指導者は耳を傾けず、人心を惑わすとして、再び封印して闇の中に閉じ込めてしまいました。このため高名な僧侶でも、『法滅尽経』や『月蔵経』、そして『宿曜経』の陰陽を知りません。

❖――釈迦の予言と文殊菩薩の予言の総括

釈迦の『月蔵経』と、文殊菩薩の『宿曜経』を精査すると、1999年から2030年くらいの間に、再び人類最大の危機が到来すると予測できるのです。この危機を人類が乗り越えることができれば、人類はさらに新しい進化をとげます。

しかし、そのためには人類は再度、滅亡の過程を経験しなければならないところが不気味です。

滅亡の危険は自然現象ではなく、人間の「業」が起こすのが実に愚かなのです。

戦争はいつの時代でも、民族間の紛争やイデオロギーの違いから、領土、経済、資源、さらには植民地意識や覇権主義が高じて起こり、やがてその戦いが拡大して大戦となった歴史があります。

今現在も戦争の最中であり、内戦や地域紛争があります。この現況はいつ大戦に結びついてもおかしくありません。

さて人類は本当に定められた未来から逃れることはできないのでしょうか？

釈迦は降臨した時に「私は再び現れることはない」と宣言されています。『大乗涅槃経《だいじょうねはんきょう》【＊19】』で「私の入滅後、56億7千万年後には、正法を救うために『弥勒菩薩』を天上より下生《げしょう》させ、一切衆生を救うであろう」とも語ったといわれています。

次の章では『弥勒菩薩』についてお話しいたします。

❖――『法滅尽経』と弥勒下生

『法滅尽経』は僅か五十行の短いお経ですが、世界を襲う大異変と人間の退廃を預言するも、末尾にひとこと「その時、弥勒が降りてくる」と記され、弥勒を「受持《じゅじ》【＊20】」する人々に対し、法滅時にも富貴や美や幸運や健康が保証されることをも予言しています。

釈迦の言葉は、直弟子から孫弟子に伝わり、後にサンスクリット語で書かれました。釈迦の大切な遺言の一つだということで、長い間、古代インドの限られた寺院の、限られた高僧だけに直伝として伝えられていました。

しかし、釈迦の没後千年くらい経った頃、中国からの留学僧によって原文が中国へ流出します。当時の中国北部にあった北斉《ほくせい》という国で、560年頃、両国語とも達者な翻訳僧の手で漢文に訳されました。

この漢訳の『法滅尽経』が、他の多くの漢文のお経と一緒に、古代の朝鮮を経て、飛鳥時代の日本に入ってきました。飛鳥のリーダーたちは、これを慎重に受けとめ、重大な秘経として禁断的に扱いました。ですから多くの人の目には長い間ふれなかったのです。

大正時代になってやっと、あらゆるお経や仏典をまとめた『大正新脩大蔵経』が刊行され、その第十二巻に『法滅尽経』も入れられることになったのです。

「弥勒よ、我いま、比丘・比丘尼・優婆塞《うばそく》・優婆夷《うばい》を以て、汝の手に寄付す。乏少《ばくしょう》・孤独にして終わらしむること勿れ。諸の資具に於いて乏少にしておわらしむること勿れ」

これは『法滅尽経』内の釈迦が弥勒に語った内容です。

＊1【大方等大集月蔵経法滅盡品】中期大乗仏教経典の一つ。釈迦が十方《じっぽう》の仏菩薩を集めて大乗の法を説いたもので、空思想に加えて密教的要素が濃厚である。

＊2【日蔵分】『大方等大集経《だいほうどうだいじっきょう》』60巻のうちの「日蔵分《にちぞうぶん》」（第34巻から第45巻）に相当する。隋《ずい》の那連《なれん》提耶舎《だいやしゃ》訳とされる。諸天の仏法護持、日月星宿《にちがつしょうしゅく》の配置などについて説く。

＊3【月蔵分】仏が十方の仏・菩薩や諸天を集めて大乗の法を説いたもので、空思想に加えて、密教的要素が濃い。また「月蔵分」10巻には、5箇500年（釈迦滅後の仏教の展開を5種の500年に区切って表すもの）をあげて末法の姿を説く。

＊4【西遊記】唐僧・三蔵法師が白馬に乗り三神仙（神通力を持った仙人）である、孫悟空《そんごくう》、猪八戒《ちょはっかい》、沙悟浄《さごじょう》を供に従え、苦難を乗り越え天竺《てんじく》（インド）へ経典を求めて旅する物語。

＊5【玄奘三蔵】唐代の中国の訳経僧。玄奘は戒名であり、俗名は陳褘《ちんい》。尊称は法師、三蔵など。

＊6【最澄】平安時代初期の日本の仏教僧。日本の天台宗の開祖。

＊7【華厳経】時間も空間も超越した絶対的な存在としての仏という存在について説いた仏典である。

＊8【法華経】大乗仏教の代表的な経典。大乗仏教の初期に成立した経典であり、誰もが平等に成仏

できるという仏教思想が説かれている。

＊9【大般若経】唐代に玄奘三蔵が大乗仏教の基礎的教義が書かれた長さのさまざまな「般若経典」を集大成した経典。

＊10【不空】唐の高僧、訳経僧。金剛智・善無畏《ぜんむい》によってもたらされた密教を唐に定着させた。

＊11【恵果】中国唐代の密教僧で日本の空海の師。

＊12【灌頂】菩薩が仏になる時、その頭に諸仏が水を注ぎ、仏の位《くらい》に達したことを証明すること（この場合は香水を頭に注ぐ儀式）。

＊13【立正安国論】日蓮が執筆し、時の最高権力者鎌倉幕府第5代執権の北条時頼に提出した文書。

＊14【羅刹】インド神話に現れる悪鬼の一種。通力によって姿を変え、人を魅惑し血肉を食うという。

＊15【鳩槃荼】梵天が造った水を守る神とも、死者の魂を吸う悪鬼で人を苦しめる神。

＊16【毘舎遮】インド神話における鬼神の一種。食人鬼。グールに相当。人の血肉を喰らい、ヴェーダでは喰屍鬼とも呼ばれる。

＊17【加吒富単那】インドに伝わる悪霊・吸血鬼の類。ブータナとも呼ばれ、仏教においては富単那《ふたんな》と音訳されて広目天の眷属。

＊18【首陀】インドのヒンドゥー教における第4位のヴァルナであり隷属民を表す。カーストの最下位に位置する。シュードラ。

＊19【大乗涅槃経】釈迦の入滅を叙述し、その意義を説く経典類の総称。
＊20【受持】受け保つこと。教えや戒律を受けてそれを守ること。

第Ⅴ部

根本仏教に回帰する

第15章

現在の日本仏教の体質

❖――幕府に管理された檀那《だんな》制度

日本に仏教が伝来されて、最初に奈良仏教ができました。奈良仏教は学問的な仏教です。大衆の苦しみ、悲しみを癒やす仏教ではありませんでした。平安時代になって、それでは多くの民衆を救うことができないということで、真言宗を開いた空海（弘法大師・お大師さま）と、平安京の国教として、天台宗を開いた最澄（伝教大《でんぎょうだい》師《し》・お祖師さま）が平安仏教の中から輩出し、仏様があなたの苦しみや悲しみを癒やしてくれますよと、祈りの仏教に変えていきました。

鎌倉時代になると、天台宗の中から浄土宗、浄土真宗、日蓮宗、禅宗三派（曹洞宗、臨済宗、黄檗《おうばく》宗）、融通念仏宗、時宗等の新たな宗教に分かれていきました。

江戸時代に入って、幕府の宗教統制政策から、徳川封建体制は「寺院法度《じいんはっと》」を作りました。例えば、地域の中心にお寺があります。この地域の民は、この寺の檀那《だんな》になりなさいと、強制的に幕府が決めたのです。これが檀那制度【*1】です。

もともとは檀越《だんおつ》（家という意味）と呼ばれ、後に檀那と呼び名が変わりました。

実はここが問題なのです。

その地域の寺は寺領、いわゆる荘園を持っているのです。幕府に年貢を納めなくてもよいのです。これは今の日本の宗教法人と同じで、寺院はすこぶる優遇されていました。その代わりとして幕府は寺に過去帳や宗門人別改帳《しゅうもんにんべつあらためちょう》【*2】などの、住民調査の一端を担わせたのです。つまり今の区役所の役目をさせたわけですね。

さて当時幕府が一番恐れていたのはキリシタン（地下に潜伏したキリスト教の信者）と農民の一揆でした。地域には代官屋敷があるのですが、そういったことはなかなかわかりません。それで寺に密告の義務を強要させました。誰がキリシタンか？　共謀して一揆を考えているか？　など、寺が不満分子を役所に密告し、そして彼らはお縄となります。それが本来の檀那制度なのです。

❖──寺請《てらうけ》制度の確立

寺請制度【*3】や寺院の「新寺建立禁止令」【*4】などを通して、檀那寺（菩提寺）は檀那とのつながりをより強固にし、檀那には経済的支援を強いていきました。例えば伽羅《から》（本堂・庫裡《くり》・鐘楼《しょうろう》等）の新築や改築費用など、さまざまな名目で経済的負担を背負わせました。また1687年の幕法により、檀那は、檀那寺への参詣や年忌法要のほか、寺への付け届けも義務とさせました。

もし檀那がこれらの責務を拒否すれば、檀那は社会的地位を失うことになります。当然ながら、別の寺院の檀那になるということもできませんでした。よって大衆にはあらかじめ檀那寺の檀那となってその責務を履行する以外すべはなく、寺と檀那には圧倒的な力関係が生じることとなりました。

つまり江戸時代における檀那とは、檀那寺の経営を支える一員に強制的に組み込まれたのです。

❖——宗門の堕落

これらは、寺院の安定的な経営を可能にしましたが、寺や僧侶は、本来の布教活動よりも寺門興隆に勤しむようになり、僧侶の乱行や僧階を金銭で売買するということにもつながっていきました。本山は新規寺院建立の禁止にあやかり、廃寺の復興といった名目で、末寺《まつじ》（本山の支配する寺）を増やしていきましたが、やがて仏教の教えは形骸化し、今日に言われる葬式仏教に陥ったのです。

こうして、宗門改めを動機に成立した檀那制度でしたが、仏教界の安定と幕藩体制の確立に寄与したものの、同時にこのことは寺の固定化を意味し、統制の下で信仰の自由が失われ、仏教の沈滞と腐敗をもたらしました。

現在でも、うちはどこどこのお寺の檀家だとか、檀家総代だとか、神社でしたら、氏子だとか、氏子総代だなどと自慢げに言う人がいますが、それはまったくお門違いです。このような悪き慣習ははやく改善しなければなりませんが、それでは日本の大多数の寺が経営難に陥りますから、寺は檀家を離したくはないのです。

❖――徳川家康と一向一揆

徳川家康がまた松平家康と名乗っていた頃、松平の領土内で三河一向一揆【*5】が勃発しました。

若かりし家康は、自らの過ちで一揆を招くという大きな失態をしてしまいます。

三河一向一揆については、「日夜、合戦止むときさらになし」（『三河後風土記』）というほど、一進一退の攻防が長きにわたり、戦場になったのは松平の本拠地である岡崎城の近隣がほとんどで、松平家の家臣同士も互いに敵味方となり、矛を交えるという異様な合戦となったといわれています。

三河一向一揆は、家康の三大危機のひとつとして語り継がれています。しかし一方で、三河領土内に巣食う反家康勢力を一掃し、領内の支配と家臣団の結束を飛躍的に高めた戦いと位置付けられています。

征夷大将軍となり、江戸に徳川幕府を開いた家康は、完全な高密度管理社会体制を敷きました。それゆえに260年間にわたり幕府が続きました。

その中で数々の法令を制定し、特に寺社諸法度《じしゃしょはっと》と武家諸法度《ぶけしょはっと》の法律は厳しいものでありましたが、盤石な封建体制を構築するには、是が非でも必要な制度であったと考えられます。

寺社諸法度の制定は、家康の理想的宗教思想を現世に具現化するために必要なものでした。

ではなぜ、そのような宗教規範が必要であったかを解説いたします。

❖——家康と厭離穢土欣求浄土《おんりえどごんぐじょうど》

「厭離穢土欣求浄土」は「私たちが住むこの世界は苦悩に満ちた穢《けが》れた世であり国土であり、それを厭《いと》い離れることを願うことであり、心から喜んで浄土に生まれることを願い求める」という意味です。

古くは、恵信僧都源信《えしんそうずげんしん》【＊6】（942〜1017年）の『往生要集《おうじょうようしゅう》』【＊7】の冒頭にこの言葉が書かれており、浄土教の根底思想になっています。

家康は「穢土」を「戦国の世」、「浄土」を「平和の世」とし、平和な世をつくるために「厭離穢土欣求浄土」を旗印としたといわれています。

この旗印は家康以前から松平家で使用されていたという説もあるようですが、実は家康が意図して採用したかどうかは明らかになっていないのです。しかし家康が生涯を通じてこの旗印を使ったことは事実なので、何か想いが込められていたことは確かだと推察します。

家康のこの旗印は「平和な世をつくるために」の精神的礎《いしずえ》であったことは、長期にわたって安定政権を築いた徳川時代を見れば明白ですが、拡大解釈を考えるに「家臣たちが死んだとしても仏の国に行ける」とし、兵が死を恐れないよう、また戦に奮起するためのものだと考えることもできます。

❖――「築山殿事件」と慈愛の国

脚本家・戯曲家の古沢良太氏が手がけたオリジナル脚本の2023年NHK大河ドラマ「どうする家康」の前半最大のクライマックスで、「築山《つきやま》殿事件」「信康事件」（1579年・天正7年）が描かれています。主人公の徳川家康が愛妻・瀬名と愛息・松平信康を同時に失う人生最大の悲劇。戦のない〝慈愛の国〟を目指し、信念を貫いた二人の死に共感し、涙を流した人も多いと聞きます。

築山殿とは家康の正室であり、父は今川氏の家臣・関口親永（関口氏純・瀬名義広。母は今川義元の妹（伯母とも養女とも）。誕生年は不明。通称は瀬名姫といい、1557年（弘治3年）、今川家の人質として駿府にいた松平元信（後の徳川家康）と結婚。竹千代（後の松平信康）と亀姫を産んでいます。岡崎城にて息子夫婦と同居をしますが、息子と同じく武田氏と内通しているという嫌疑をかけられ、処刑されることになります。これが一般的にいわれる「築山殿事件」です。

築山殿事件には諸説ありますが、このドラマでは、慈母的な存在として描かれています。実の築山殿事件がどのようなものであったかはわかりませんが、このドラマにおける築山殿は、はっきりと「慈愛の国」は女がつくるという構想を語った東国連合政権、それが東国の夢であると言っているのです。

一般に知られているのは、織田信長の娘である五徳が、姑の瀬名と夫である松平信康を告発した「十二条の訴状」による悪女説です。五徳の訴状によれば、瀬名は武田勝頼側と内通し、嫡男の信康も日頃から乱暴なふるまいが多かったというのです。しかし古沢氏の脚本は違っていました。専門知識のある歴史家からはありえない話だと揶揄《やゆ》されるでしょうが、そもそもファンタジー的に構成されている物語でもあるわけですから、そこに原作者の意図する思想を組み込み、そのイメージに見合う女優を起用するのは、なんら問題だとは思いません。それよりも筆者が共感するのは、築山殿の言葉なのです。女ゆえにわかる慈愛の精神ではなかろうかと思うのです。

〝奪い合う国ではなく、与え合う慈愛の心で結び付いた巨大な国を創り上げる〟

この精神は現代でも通じるものがあります。世界にこのような慈愛の精神があれば、きっと争いや戦争はなくなるでしょう。

❖——家康の先見性

最新の歴史研究で明らかになった、家康の知られざる一面から、家康の先見性を論じてみたいと思います。

家康が開いた江戸幕府は、およそ200年以上「鎖国」をしていたといわれていますが、実は晩年の家康が抱いていた日本の将来像は、それとはまったく異なるものでした。

家康は三浦按針《みうらあんじん》（本名はウィリアム・アダムス）を外交顧問として迎え、日本（幕府）を開国し、広く世界の国々と自由な貿易を行い、今でいうグローバル国家の樹立を目指した、壮大な構想を抱いたグローバルプレイヤーだったのです。

南蛮貿易を推奨した信長や秀吉に対し、家康はどちらかといえば、内向きの政治家のイメージですが、最新の調査から、アジアからヨーロッパまで、世界13の国や地域に、家康自らが106通もの外交文書を出していたことが判明しています（徳川記念財団蔵）。

たとえば、スペイン国王から家康宛の外交文書の交換においては、卓越した外交術で、欧州の強国・スペインやポルトガルと渡り合い、各国を競わせながら、したたかに、日本に有利な貿易体制を作ろうとしていたこともわかってきました。

家康は、はやくからヨーロッパに関心を持ち、外国（ヨーロッパ）の物を入手するだけでなく、それを自ら必ず使用していました。

特に関心を持ったのは、銀の精製技術だったといわれています。当時、日本の銀の産出量は、世界の3分の1だといわれていました。そこで家康は、ヨーロッパ、特にスペインやポルトガルに技術者を派遣し、精製技術を学ばせていました。さらに大型船の製造に関する技術にも高い関心を示したといわれています。

家康の海外に目を向けた開国の先見性は、二代将軍「秀忠」、三代将軍「家光」へと受け継がれていきます。

特に朱印船貿易は、東南アジアにも目を向けた外交でした。1604年に朱印船制度を実施、1635年に朱印船貿易が終了するまでの31年間、365隻もの朱印船が日本を出港したのです。

❖――寺院と僧侶の責務

そもそも仏教僧侶とはいかなる者か。

我々僧侶は原点に回帰して、釈迦の仏教の実践をしなければ、混沌とした世界を救うのに間に合わなくなると筆者は力説いたします。

仏教は生きるための教えですが、残念ながら現代の仏教は、葬儀、法事といった葬送儀礼や、霊園、幼稚園等の運営をするといった宗教経営に勤しむ僧侶が多くなってきました。

本来、仏教とは釈迦の教えを基軸に、大乗仏教の教祖の教説や説法にあるべきなのです。

よって寺はとても遠いものになりました。

釈迦は僧侶がお葬式をしてはいけないと言っています。

死んだ後のことを考えてはならないとまで言っています。

あの世があるかないかを考えてもしかたがない。そのようなことを気にして生きるよりも、今生（現世）でおまえが幸せにならなければダメなのだと、はっきり仰っておられます。

これが釈迦の仏教です。

❖──今こそ、釈迦の教えが必要

大乗仏教はとても大事な仏教の教えの一つです。大乗仏教とは仏教の教えの一つの方便なのです。

しかし現在の日本仏教は、方便があまりにも方便すぎてしまい、釈迦の仏教とは縁遠くなってしまいました。

日本にはさまざまな宗派の僧侶がいますが、やはりお寺ありきなのです。寺を維持するために、寺の管理というものが主体となり、それが仕事になっております。ですから、今の僧侶は皆さんのお悩みを聞くことができません。

昔は違いました。寺子屋みたいなものがあって、何人《なんびと》も来るものは拒まずで大衆の悩みを聞いていました。そのような良き時代もありました。しかし、今の僧侶は皆さんの悩みを聞くことはほとんどありません。では、そのような僧侶ばかりかというと、そうではないと思いたい。大衆の中に入り教えを説き、迷える人々に寄り添う奇特な僧侶もおられると思いますが、残念ながら、私はそのような僧侶に、いまだかつて一度も出会ったことがありません。

僧侶は典礼「葬送儀礼」に日夜勤しみ、大衆からますます離れ、やがて寺は荒廃していきます。

混迷を増す現代社会において、私たちが救われる道は、釈迦本来の仏教を学ぶ以外にないと考えています。

かといって大乗仏教を否定しているのではありません。これも方便としては大切な教えです。

釈迦の教えは自己改善ですが、人間はなかなか自己改善できないものです。ですから、仏さまや神さまにすがろうとします。

「自己改善と神仏に委ねる」この二つの教えは中庸《ちゅうよう》として必要だと考えますが、今では、ほとんどの日本人が神仏にゆだねる道を選んでいます。

このようなことは仏教だけに限ったことではありません。

「神にゆだねて生きる」それこそ、一神教であるキリスト教やイスラームの真髄ですが、だからといって、ただ祈るだけは違うと考えます。

実は筆者・釈正輪は、クリスチャンでもありムスリムでもあります。詳しくは紙幅の関係から割愛させていただきますが、イスラエルを流れるヨルダン川で洗礼も受け、またサウジアラビアのマッカ（メッカ）の

‖ヨルダン川での洗礼の様子

‖メッカ巡礼中の著者

大巡礼にも行っております。
そのような縁《えにし》から、ある考えに至りました。それは、なんでも神にすがり頼るのではなく、自分自身も「神の名のもと」、自己改革をしなくてはいけないのだということを学びました。「私が変わらなければ、天国の扉は開かれない」ということを。

今までの時代は宗派があってしかりでした。そういう時代だったからです。ですが、これからは地球規模で、いや地球を飛び越え宇宙的な規模で宗教を考えていかなければなりません。どの宗派だとか、どこどこの檀家だとか、そのようなものはもう必要ありません。もっともっと大きな視野で仏教を見ていかなければなりません

僧侶たちは宗派が一番の教えであり、宗祖が一番偉いと考えております。よって釈迦の思想を理解できなくなっております。宗派間の交流はまったくありません。僧侶は宗派の教義に甘んじるのではなく、一度宗派を超えて、仏教の共通認識ともいうべき、釈迦の教えに回帰する必要性があると考えます。

＊1【檀那制度】ある寺院がそれぞれの檀那の葬祭供養を独占的に執り行うことを条件に結ばれた寺と檀那の関係をいう。寺請制度《てらうけせいど》、あるいは寺檀制度《じだんせいど》ともいう。

＊2【宗門人別改帳】江戸時代の中期に宗門人別改で宗門改帳と人別改帳が統合された民衆調査のための台帳。現在でいう戸籍原簿や租税台帳。

＊3【寺請制度】江戸幕府が宗教統制の一環として設けた制度で、寺請証文を受けることを民衆に義務付けさせて、キリシタンではないことを寺院に証明させる制度で、必然的に民衆は寺請をしてもらう寺院の檀那となったため、檀那制度や寺檀制度とも呼ばれる。

＊4【新地建立禁止令】1631年（寛永8年）、幕府は道場の寺院化と新寺建立の禁止「新地建立禁止令」を発し、1688年（元禄元年）には「寺院古跡新地之定書」により古跡寺院、新地寺院の格付けを行った。

＊5【三河一向一揆】戦国時代に三河国の西三河全域で1563年（永禄6年）から半年ほど続いた一向一揆。

＊6【恵信僧都源信】平安時代中期の天台宗の僧。

＊7【往生要集】985年に、浄土教の観点より、多くの仏教の経典や論書などから、極楽往生に関する重要な文章を集めた仏教書で、一部3巻からなる。

第Ⅵ部

弥勒菩薩について

第16章 釈迦の後を継ぐ者

❖――弥勒菩薩の魅力

数多の仏の中で、私が真っ先に惹かれる仏は「弥勒菩薩《みろくぼさつ》」です。

その弥勒菩薩像の中でも、ある寺に鎮座する弥勒菩薩にのみ、私は魅力されるのです。

京都太秦《うずまさ》の一角に、京都や奈良の都のできるずっと以前から続いている、古い寺があります。

その寺院は「広隆寺《こうりゅうじ》」【*1】といいます。

その広隆寺の奥にある庭に「霊宝殿」【*2】という仏像の宝物を集めた建物があります。

47体の仏像が並ぶその中心に、一体の不思議な仏像が祀られています。丈は約124センチと小柄で、宝冠から仏体、楊座《とうざ》まで、珍しい赤松の一材から彫り出されて造られています。

飛鳥時代の仏像の多くは樟《くすのき》でつくられているものが多いのですが、この像は朝鮮半島でよく見られる赤松材です。

広隆寺の弥勒菩薩像（弥勒菩薩半跏思惟像）
出典：Wikimedia Commons

朝鮮半島の新羅《しらぎ》【*3】には弥勒に対する強い信仰がありました。弥勒信仰のほとんどは新羅においてのみ、盛んだったとまでいわれています。つまり、広隆寺の弥勒像は、新羅から渡来したものと見て、まず間違いないと思います。

彫り方もじつに素朴で、飾りは一切ないのです。もとは全身に金箔が貼られていたそうですが、現在はほとんど剝落《はくらく》しています。

そしてポーズも特異で、他の仏像のように合掌をしておりません。微笑みは「アルカイック・スマイル」といわれています。右手の親指と薬指で不思議な輪をつくり、伸ばした中指を頰に触れそうにしているだけです。また仏像につきものの後光《ごこう》や光背《こうはい》もまったくありません。

それなのに、今、この「弥勒菩薩」に世間の注目が集まっているのをご存知でしょうか。

二十世紀の大哲と称されたカール・ヤスパースはこの仏像をこのように絶賛しています。「古代ギリシャの像やキリスト教の像をはるかに超える清浄な美しさ。地上のすべてを超えきった永遠の、心の最高の表現」だと。

何十年か前のことですが、この像のあまりの美しさに我を忘れ、勢いで像を抱きしめ、そのはずみで、繊細な指を一本折ってしまった京大生がいたと聞きます。

この仏像こそ日本國の国宝第一号に認定された「弥勒菩薩《みろくぼさつ》・半跏思惟像《はんかしいぞう》」なのです。

およそ１４００年前に造られた仏像です。

❖——「弥勒菩薩」とは何者

弥勒菩薩は「釈迦入滅後の56億7千万年後に、龍華樹《りゅうげじゅ》【*4】の下で悟りを得て、釈迦に代わって人々を救うため下生《げしょう》すると授記（予言）された未来仏」とされています。

これが仏教における救世主降臨譚《こうりんたん》弥勒菩薩降臨伝説です。

世界は荒廃し、都会は廃墟化した「法滅尽」の時代に、一人のメシアが降臨下生し、世を再生する話は、どこかで聞いたような気がしませんか。

そうです。キリスト教の『ヨハネの黙示録』【*5】の話に類似しています。

弥勒信仰というのは、仏教的救い主とキリスト教的救い主が融合したような存在を意識して信仰されていたと思われます。

弥勒信仰はもともとインドで発祥したものです。イエスの使徒トマス【*6】がインド宣教をした後に、仏教界で信仰されるようになりました（1世紀半ば以後）。

これは使徒トマスの説いた「再臨《さいりん》のキリスト」を仏教化したものです。

宗教学者のエリザベス・A・ゴードン女史は「インドのマイトレーヤは、中国ではミレフ、日本ではミロクで、これはヘブル語のメシア、ギリシャ語のキリストである」と述べています。

❖──ミロク（弥勒）の名称の系図

救世主の地上への降臨預言は、イエスの再臨を予言する『新約聖書』【＊7】に有名ですが、救世主の降臨物語は、ゾロアスター教【＊8】（拝火教）が先行し、後に仏典へと経緯します。

ミロクの話は西暦200年から後200年の間頃に、後に記述する、今のアフガニスタン付近で編集された経典『弥勒三部経』に書かれています。

それは当時この地域で盛んだったミトラ崇拝の影響を受けて成立したといわれています。

今でこそミロクは仏教の菩薩であると信じられていますが、もともとはインド人がペルシャ人と枝分かれしていなかった頃に、セム族【＊9】に伝わる太陽神ミトラの影響を受けて信仰された神です。

これが後にインドでメッテャからマイトレーヤへと変化しペルシャでミスラ（親愛なる者）と呼ばれるようになります。「ミロク」という名前は、後に古代中国語に音訳された名です。

ミトラ神崇拝の起源は、遠くオリエントのイラン高原中央部にさかのぼります。

ミロクの起源がイラン＝イラクを中心に信仰を集めた光の神ミトラであることは、すでに多くの研究者によって指摘されています。

ミトラは、「友情」「契約」を意味する言葉であるとともに、その淵源は古代ペルシャの「光の神」の名前です。

本来ミトラとはアーリア人【*10】の神で、アーリア神話に登場する神であり、最も強力な力を持つ神ともいわれています。

千の耳と万の目を持ち、正義と契約を護り、太陽にも象徴される光の絶対神、それがミトラなのです。

ミトラの名が文献に現れるのは前1380年頃で、アナトリア高原北部のボアズキョイ遺跡（トルコ）のヒッタイト王宮の書庫にあった粘土版に、ヒッタイト王とその隣国ミタンニ王の条約締結文章の保証者としてその名が記載されているといわれます。

ミロクという言葉は、サンスクリット語のマイトレーヤという言葉の音写（音訳）であり、これは友情や慈悲を意味するマイトリーという言葉に由来しています。

ミトラから派生した名詞に、マイトラ（中性名詞）と、マイトリー（女性名詞）とがあり、どちらも友情・親切・好意・善意という意味で広く用いられ、マイトレーヤはその類語ですから、漢訳でも「慈」と訳され、未来仏の名として「慈氏」と記しています。

ミトラ神の性格は、「契約」「真実」の言葉にあるといわれ、ここから「友情」一般を指すようになり、マイトリーからマイトレーヤという名前ができたのです。

ですから、歴史的起源から考えれば、マイトレーヤという名の本来の意味はむしろ「契約」「約束」であり、それが未来仏の名として選ばれたのではないかと考察します。

サンスクリット語のマイトレーヤかアラム語【*11】でムシーハアとなり、ヘブライ語でメシアとなり、それがギリシャ語でクリストスになります。

一方、ペルシャ系ミトラ＝ミスラはミフルと転訛《てんか》します。これにより、ミクルからミルクルになりミルクとなり、最後にミロクと呼ばれるようになるのです。

このミロクが漢訳されて「弥勒」となり、マイトレーヤの語源となります。これが弥勒菩薩の名称の系譜になります。

メッテャ「マイトレーヤ（サンスクリット語）」↓ムシーハア（アラム語）↓メシア（ヘブライ語）↓クリストス（ギリシャ語）↓ミスラ（ペルシャ語）↓ミフル↓ミクル↓ミルクル↓ミルク↓ミロク↓弥勒（中国・朝鮮半島・日本）

悠久の歴史とともに、弥勒信仰はインドから後に中国に入り、朝鮮半島に入り、特に新羅では、弥勒に対する信仰が盛んになっていきます。

当時、朝鮮半島は「高句麗《こうくり》、百済《くだら》、新羅《しらぎ》」の三国に分かれていました。蘇我氏が仏教を導入したのは百済からでした。その百済の仏教と、新羅の信仰とは根本から違うものでした。

新羅は、シルクロードに対して非常にひらかれた所で、そこからやってくる宗教や文化も積極的に導入していたのです。

4～7世紀の新羅の古墳からは、ローマングラスが出土していますが、高句麗、百済の古墳からは発見されておらず、朝鮮三国時代当時の資料を検証してみても、新羅は独自性を保ち、高句麗、百済、日本や中国との関係は希薄であったといわれています。

その独自性の特徴として新羅には、早くから景教《けいきょう》【*12】徒たちが入っていました。新羅の首都は現在の慶州《けいしゅう》で、ここには仏国寺《ぶっこくじ》があります。世界遺産にも登録されている寺院で、そこから景教の十字架と漢文書が発見されており、また慶州の石窟庵からは仏典とともに、『イエス・メシア経』などの景教の教典も一緒に発見されています。僧侶たちは景教の経典を読んでいたものと考察できます。

新羅においてなぜ弥勒信仰が盛んになったのか。それは弥勒が仏教的救い主であると同時に、キリスト教的な救い主だったからでしょう。

❖――弥勒菩薩像の造形

新羅から渡来した弥勒菩薩像を聖徳太子は大切にしていました。後に新羅から渡来した秦一族の長《おさ》であった秦河勝《はたのかわかつ》に託し委ねました。

二人は弥勒菩薩像がどのような意味を持つものかを理解していました。

聖徳太子も秦河勝も、弥勒にキリストを見抜いていたのでしょう。

さて広隆寺弥勒半跏思惟像は、思惟手《しゆいしゅ》という特殊な印契《いんげい》【*13】をしています。その手の形は景教徒たちが、三位一体《さんみいったい》の神【*14】へ信仰を表すために用いた手の形と同じだというのです。

実はこのスタイルと同じものが、景教の遺跡発掘中に発見されているのです。弥勒菩薩像の右手の形は三位一体のシンボルですが、聖徳太子も秦河勝もその意味を知っていたと思います。

❖――広隆寺は秦氏の氏寺であった

現在の広隆寺は、高野山真言宗の別格本山になっていますが、その前身は「蜂岡寺《はちおかでら》」といわれており、別名、太秦寺《たいしんじ》、川勝寺《せんしょうじ》、秦公寺《はたのきみでら》などとも呼ばれていました。

『日本書記』によれば、秦氏の長・秦河勝が聖徳太子から弥勒菩薩を授かり、その像を安置するために603年に創建した寺だといいます。

❖――謎の秦氏と広隆寺

秦氏とは何者か？　秦氏の宗教観は何だったのか？

それを探るにはまず、日本の神社の創建を調べてみることにしました。すると興味深いことがわかりました。日本で一番多い「八幡神社【＊15】」、続いて「八坂神社【＊16】」、「稲荷神社【＊17】」、さらに伊勢神宮創建にも秦氏が深く関わっていたことがわかりました。

つまり秦氏は日本神道の確立者なのです。


では秦氏が造ったこの広隆寺はいったい何だったのでしょう。

先に記した「太秦寺」は景教の大本山だったのです。つまり広隆寺こそ、景教の寺院に他ならないということがわかります。

❖――ミロクは実在した

釈迦には「十大弟子【*18】」が存在していたことは周知の通りです。しかし実際には他に2人の愛弟子が存在していたことを知る人はほとんどいません。

ではその2人とは「誰」か？

釈迦の教団には、修行僧の生活である衣・食・住の一切を担う在家【*19】の方々がいました。いわゆる今でいうスポンサーです。

そのスポンサーの筆頭に「維摩居士《ゆいまこじ》」がいます。

維摩居士は毘舎離《びしゃり》（ヴァイシャーリー）城に住む富豪の商人で、釈迦の仏教教団を支える在家の一人でした。後に釈迦の弟子となるも、出家は許されませんでした。維摩は居士（在家の弟子）となり、大乗仏教の奥義に達し、釈迦の教化を輔《たす》け、無生忍《むしょうにん》【*20】という境地を得、法身《ほっしん》の大居士となった人物です。

次に「未来仏」【*21】として崇められる「仏」弥勒菩薩です。

弥勒菩薩は現在は架空の仏として伝わっていますが、実は釈迦の時代に実存した人物だったのです。

「弥勒」が実在する？　誰もが耳を疑う話ですが、ここからは、実在した「弥勒」について解説いたします。

「弥勒」は今から2500年くらい前の実在の少年でした。先に述べましたが、彼は「メッテヤ」と呼ばれていたという説があります。

メッテヤ少年は、古代インドの中部、今はない波羅奈《ハラナ》国という小さな国の、バラモン【*22】の家に生まれました。

メッテヤは、幼い時から頭もよく性格も明るく、美しく人を惹きつける魅力的な少年でした。

少年（メッテヤ）は、幼き釈迦と同じような性格らしく、独り物想いに耽《ふけ》ることが多く、明るい性格ではありましたが、底に何か寂しさを抱え、謎を感じさせる少年でした。

少年は、10代の中頃、「妙法」【*23】で釈迦の教えに出合うのでした。

少年は釈迦の弟子になることを懇願しました。釈迦はそれをすぐに認めたといいます。その頃の釈迦は60歳くらいで、最も油が乗り切っていた時でもあり、活発な布教活動をしていました。

少年はこの頃、今でいえば中学生くらいでしたが、教団の新しい生活に溶け込み、恐ろしいほどの早さと深さで、釈迦の教えを吸収していくのでした。

その様子を見た弟子たちは愉快ではなかったことでしょう。しかし、それを察したかのように、ある日、釈迦は弟子たちに少年のこのような秘密を打ち明けたのでした。

「彼は、この世ではあと12年しか生きることができない。その後彼は、大空のはるか彼方の兜《と》率天《そってん》という天に昇って、そこでもう一度生まれ、とてもとても長い間、ある大きな目的のために修行をする。そして、彼の智慧と力がどうしても必要になる危急の時代に、天から地上に降り、私を継ぐ仏となり、私が救いきれなかった人々を、すべて苦悩から救うことになっているのだ」

この話は『弥勒三部経「観《かん》弥《み》勒《ろく》菩《ぼ》薩《さつ》上《じょう》生《しょう》兜《と》率《そつ》天《てん》経《きょう》【*24】」「弥勒下生成仏経」「弥勒大成仏経」』の中に、釈迦の秘密予言の一つとして出てきます。

これを聞いた弟子たちは驚愕しました。メッテヤ少年は、他の弟子たちとは明らかに違う特異な使命を帯びて生まれてきたのだと、それぞれの弟子たちは認識せざるを得ませんでした。

彼は、早くに死んで天に生まれ変わり、釈迦の後継者になる天命であることを知ったのです。

「ミロク」であるメッテヤ少年自身もこの事実を受け入れました。

残された12年の青春をフルに使って、釈迦の教えを学び実践します。

そして12年後、釈迦が見通した通りメッテヤ少年は死にました。

まだ20代前半の若さでした。はっきりした病名は不明ですが、安らかな死に方ではなかったと伝わっています。人々のいろいろな痛みを引き受けるように、苦しみ抜いて亡くなったそうです。多分、今でいう白血病のような病ではなかったかと推察します。

メッテヤ少年の死に顔は、苦しみを越えて、生前以上に美しく微笑み、釈迦をはじめ多くの先輩僧が悲しみました。

反面、釈迦の仏法がこれで確実に受け継がれることになりました。メッテヤ少年は「ミロク」としてこれから天で蘇り、最悪の危機の時代が来る時に天から下生し、釈迦の後継者となって苦しむ人々を救い、釈迦が救うことのできなかった人々をも救うのです。
そのような人類の期待を一身に背負って「ミロク」は、今でも兜率天で厳しい修行を続けているのです。

京都太秦広隆寺の「弥勒菩薩半跏思惟像」の仏像は、ただの仏像では決してありません。人々の願いが込められた「魂」が全身に宿っているのです。

❖——ミロクとイエスの類似性

「ミロク」は前記のように、13歳ぐらいで釈迦の弟子となります。同じようにかの「イエス」も13歳くらいの時に、クムランの洗礼者（パブティスマの）ヨハネから、「あなたこそ福音の御子だ」と認められて、ヨルダン川【*25】で洗礼を受けます。そして人々の苦しみを救う道に入ったのでした。

ミロクは釈迦の愛弟子となるも、おおよそ10年間ほど空白の期間があるといいます。仏典にはそのあたりの記述がないのです。ですがその後の20代のはじめから、ミロクは突然、活発な活動を始めるのでした。

一方イエスも空白の10数年の後、突然伝道を開始します。

ミロクは自身の修行を怠らず、人々に寄り添い多くの悩める人民を救いました。しかし25歳くらいで不治の病床について、あらゆる人々の苦しみを引き受けるかのように、苦しみ抜いて死んでいくのでした。

またイエスは、人々から熱心に信仰されますが、逆にローマの官憲たちからは危険人物だと見なされ、30歳の頃に磔刑《たっけい》【*26】に処され、十字架にかけられ刺しまくられて死ぬのです。人間のすべての罪を一身に背負い、苦しみ抜いて死んでいきました。

ミロクは死後、天に昇ってやがて蘇ります。

イエスも昇天し、やがてメシア【*27】として降臨します。いかがでしょうか。ミロクとイエスの生涯は多少の違いはあるものの、ほとんど同じではないでしょうか。

私には、ミロクとイエスは同一人物であったかと思えてならないのです。

❖――仏典が告げる弥勒再臨

釈迦は降誕した時に、「再び私は現れない」と宣言していますが、『大乗涅槃経』では、「我が入滅56億7千万年後には、我が正法を救うために、弥勒菩薩を天上より下生させ、一切衆生を救うであろう」と語っています。

また『天輪聖王修行経《てんりんじょうおうしゅぎょうきょう》』【*28】では、このように記されています。

「この時に仏陀が出現し、その名をマイトレーヤという。仏陀・アラハト【*29】などの称号を持つこと、神々・魔物・シラマナ【*30】・バラモン、その他のあらゆる生きものの間にあって仏陀としての自覚を持つこと。説法はすべて完全であり、清らかな修行を教えることなど、皆今の仏陀である自分と同じである。ただ、今の自分は百をもって数える弟子を持っているが、マイトレーヤは無数千万の弟子を持つであろう」と。

さらに『弥勒菩薩下生成仏経』には、今生での死を経て、マイトレーヤはただちに兜率天に転生し、永い修行の後、再びインドに誕生すると書かれています。

その一部分を紹介しますと、

「そのケートゥマティーの都にスブラフマンと呼ばれる大バラモンがいて、その妻ブラフマーヴァティーは心の優しい女性であるだろう。マイトレーヤはトゥシタ天（兜率天）から下り、この2人を両親として生まれるであろう。

その赤児は生まれるや、仏陀にそなわるという32相を持ち、肌は紫金色を帯びて輝き、これを一瞥《いちべつ》するものはそれだけで不幸を免れるだろうといわれる。

そして、彼の説く言葉は最終的には282億にも上る人々を聖者の境地に至らしめ、35億にも上る神々に最高の悟りを求める決心をさせるという」

＊1【広隆寺】603年（推古天皇11年）秦河勝が聖徳太子から賜った仏像を本尊として建立した京都最古の寺。その本尊が国宝指定第1号の弥勒菩薩像。

＊2【霊宝殿】霊宝殿には国宝指定第1号の弥勒菩薩（半跏思惟像）をはじめ寄木造の千手観音（藤原期）、聖徳太子16歳像（鎌倉期）など、飛鳥、天平、貞観、藤原、鎌倉それぞれの時代を代表する仏像が安置されている。

＊3【新羅】古代の朝鮮半島南東部にあった国家。当初は「斯盧《しら》」と称していたが、503年に「新羅」を正式な国号とした。

＊4【龍華樹】弥勒菩薩がその下で龍華三会《りゅうげさんえ》を開くとされる木。枝は龍が百宝を吐くように百宝の花を開くという。

＊5【ヨハネの黙示録】『新約聖書』の最後に配された聖典で世界の終末の様子と、再臨したイエス・キリストによる最後の審判、その後に続く新しい世界の到来が記されている。『新約聖書』の中で、唯一預言書的性格を持つ書。

＊6【トマス】新約聖書に登場するイエスの使徒の一人。アラム語の原義は「双子」。

＊7【新約聖書】1世紀から2世紀にかけてキリスト教徒たちによって書かれた文書で、『旧約聖書』とならぶキリスト教の正典。

＊8【ゾロアスター教】イラン（ペルシア人）の宗教であり、宗祖はゾロアスター。その成立年代は前1200年代から前7世紀頃までの幅があり、確定していない。3世紀のササン朝の国教とされ、聖典『アヴェスター』が編纂された。光明の神（善神）であるアフラ＝マズダを最高神

とし、その象徴として火を崇拝するので拝火教ともいわれる。

＊9【セム族】西アジア・アラビア半島・アフリカ北東部に住み、セム語系の言語を用いる民族の総称。黒色波状毛、黄褐色の皮膚、直状狭鼻を持つ。アラビア人、エチオピア人、ユダヤ人や歴史上活躍したアッシリア、バビロニア、フェニキア人などを含む。

＊10【アーリア人】インド－ヨーロッパ語系諸族の一派でインドとイランに定住した民族。アーリアとはサンスクリット語の「高貴」の意からきている。

＊11【アラム語】セム語族に属する言語。古代西アジアの共通語として広く使用され、イエス・キリストの母語でもあった。

＊12【景教】キリスト教で中国に最初に伝来したネストリウス派をいう。ネストリウスはエフェソスの宗教会議（431年）でその説が異端とされて追放された。三位一体説およびイエス・キリストの両性説は認めるものの、キリストの位格は1つではなく、神格と人格との2つの位格に分離されるとし、さらに、イエスの神性は受肉によって人性に統合されたと考える。このため、人性においてイエスを生んだマリアを「神の母」と呼ぶことを否定し、「キリストの母」と呼んだ。

＊13【印契】手ぶりや手指の組み合わせによって仏・菩薩の種類や特徴を示したもの。印、印相ともいう。

＊14【三位一体の神】キリスト教で、父（神）と子（キリスト）と聖霊は、一つの神が三つの姿となって現れたものであるという考え方。

＊15【八幡神社】全国に約4400社あり、大分県宇佐市の宇佐神宮を総本社とする。

＊16【八坂神社】全国にある八坂神社や素戔嗚尊を祭神とする関連神社（約2300社）の総本社。

＊17【稲荷神社】全国3万社あるとされ、総本宮は京都の伏見稲荷大社。

＊18【十大弟子】釈迦（仏陀）の弟子たちの中でも特に主要な十人の弟子のこと。他に維摩居士、弥勒菩薩を含め十二大弟子であるとする説もある。

＊19【在家】仏教において、出家せずに、家庭にあって世俗・在俗の生活を営みながら仏道に帰依する者のこと。

＊20【無生忍】無生の真実を悟ること。真理を悟った安らぎ。

＊21【未来仏】釈迦の次に仏陀となることが約束された菩薩。

＊22【バラモン】インドのカースト制度の頂点に位置するバラモン教やヒンドゥー教の司祭階級の総称。

＊23【妙法】深遠な理法、宇宙の真理。

＊24【観弥勒菩薩上生兜率天経】大乗仏教の弥勒菩薩に関する代表的な経典の一つ。

＊25【ヨルダン川】西アジア、パレスチナ地方を流れる川。

＊26【磔刑】罪人を板や柱などに縛りつけ、槍などを用いて殺す公開処刑の刑罰のこと。
＊27【メシア】ユダヤの思想で救世主。この世に現れて人々を救う指導者のこと。ヘブライ語で「聖油をそそがれた者」を意味する。
＊28【天輪聖王修行経】古代インドの思想における理想的な王を指す概念。地上をダルマ（法）によって統治し、王に求められるすべての条件を備えるという。
＊29【アラハト】聖者。
＊30【シラマナ】沙門《しゃもん》（宗教的な目的のために労働・苦労・奮闘する者）。質素・禁欲的な生活の探求者。

第17章　番外編

❖——摩訶迦葉《まかかしょう》の伝説　釈迦仏陀と弥勒仏陀を結ぶ者

弥勒は現在菩薩のままで北の浄土、兜率天で天人のために説法と、自らの修行を続けています。そして下生して龍華樹の下で成仏し仏陀となり、三会《さんね》【*1】に説法をいたします。

弥勒は釈迦の代わりであることから補処《ふしょ》【*2】の菩薩ともいわれていますが、未来に出現する「救世主」であることに変わりはありません。

さて、ここでとても大切な伝記があります。

それは釈迦に代わって下生した弥勒に、釈迦の衣鉢《いはつ》の一部を手渡す大切な役目を担う者がいるのです。その者とは、釈迦入滅後、僧伽《そうぎゃ》【*3】の事実上の後継者になった「マハーカーシャパ

（摩訶迦葉）」。

摩訶迦葉はシッダールタ王子（釈迦が出家する前の名前）の養母【*4】の献じた金縷《きんる》の袈裟《けさ》【*5】を持ち、マガダ国【*6】の鶏足山《けいそくざん》の中に閉じこもり、マイトレーヤの出現を待って手渡すのです。

摩訶迦葉は弥勒が下生の時まで釈迦の霊的影響力が継続することを身をもって示すため、自ら整理した釈迦のダルマ【*7】（宇宙の真理）を弟子に託した後に鶏足山に入定します。その摩訶迦葉の復活は、下生した弥勒菩薩が鶏足山を開き、同時にブラフマン（梵天王）が天の香油を摩訶迦葉の項《うなじ》に注ぎ、鐘を打ち法螺《ほら》を吹き鳴らした時に起こるとされています。（『弥勒下生経』）

僧侶の修行が解脱（悟り）を目的とするのは、そこに到達すれば死後再び転生することはないといわれているからです。本来なら摩訶迦葉もすでに仏陀である以上、入滅してしまえば二度と姿を現さないのですが、しかし彼は弥勒が下生するまでは決して入滅しないと誓願を立てていました。

それは師である釈迦から「摩訶迦葉は久しく世に留まり、弥勒の下生を待ってはじめて入滅せよ」と遺命《いめい》されていたからなのです。

よって摩訶迦葉は今でも鶏足山に入り、弥勒の出現を待っているのです。

そして弥勒が出現する時、摩訶迦葉は釈迦の衣鉢を弥勒に手渡し、18の奇跡を諸大弟子や衆生の前で起こし、弥勒神業の完成を扶《たす》けた後、涅槃に入ります。

❖――生きている空海

この摩訶迦葉に比較される人物が日本にも存在します。

その人こそ「弘法大師・空海」です。

空海もまた、弥勒下生の際、肉体をもって復活すると伝えられているのです。

高野山は日本密教の最秘奥です。日本仏教史上でもたぐいまれなる傑出した才能を示した天才、弘法大師・空海。

筆者をはじめ、高野山の僧侶たちは「御大師《おたいし》さま」と呼んでいます。

数々の奇跡を起こし続けたこの聖人こそ、死後もなお復活の時を待ち、高野山の奥の院で静かに座しているといわれています。

弥勒菩薩降臨とともに空海は復活する。

空海が高野山金剛峯寺《こんごうぶじ》で即身成仏【＊8】として息を引き取る際に、謎の言葉を遺したと伝えられています。

「私、空海は弥勒菩薩と共に復活する」

真言宗の宗徒たちは皆、それを信じ、空海の復活を待ち続けているといわれます。

835年（承和2年）旧暦3月21日、空海はその生涯の幕を閉じました。しかし空海は奥の院の霊域に生き続け、その霊体は今もなお、活動を続けているとされ、即身成仏した空海の頭からは現在も髪の毛が伸び続けており、御山《おやま》では、毎日食事を御供え続けています。

釈迦と弥勒、この二人の仏陀の間を、こうして入定したまま支えている者。それが摩訶迦葉と空海なのです。

＊1【三会】三度にわたる法会《ほうえ》または三種の法会。

＊2【補処】この一生だけ生死の迷いの世界に縛られるが、次の世には仏となることが約束された菩薩の位。菩薩の位のうちでは最上の位で、特に弥勒菩薩をさす。

＊3【僧伽】仏道修行をする僧の集団。サンガを音写したもので「そうぎゃ」と読む。

＊4【養母】マーヤー夫人（釈迦の生母）の妹であるマハー・プラジャーパティーのこと。
＊5【袈裟】仏教の僧侶が身につける布状の衣装。
＊6【マガダ国】インドのビハール州南部パトナとガヤー両県の古称で、古代インドにおける十六大国の一つ。シッダールタ王子の妻ヤショーダラ姫が生まれ育った実国（コーサラ国とする説もある）。
＊7【ダルマ】仏教においての「法（宇宙の真理）」。
＊8【即身成仏】密教独特の成仏思想。現在の肉身のままで仏になること。

第Ⅶ部

聖徳太子について

第18章 謎多き人物、聖徳太子とは

❖——聖徳太子の呼び名

誰もがその名を知る、日本古代史最大級の偉人「聖徳太子《しょうとくたいし》」。昨今、書籍やYouTubeでよく目にし、時代の節目には必ずといっていいほど登場する不思議な人物です。

その聖徳太子が実在したか否かについて、数年前に歴史アカデミズム内で論争となりました。文部科学省学校指導要領中学校日本史には、歴史教科書に出てくる「聖徳太子」の表記を「厩《うまや》戸王《とおう》」へ変更しようという動きがあったものの、この議論は却下となり、表記は元通り「聖徳太子」に落ち着きました。なお、現在使われている高校の日本史教科書（『詳説日本史B』山川出版社）には、「厩戸王（聖徳太子）」と表記されるようになりました。

では「聖徳太子」の名前はどこからきて、誰が名付けたのでしょうか？

「聖徳太子」の名前は、後世の人が付けた尊称であり諡号《しごう》です。太子没後100年以上経った後、その偉業を称えて名付けられたといわれています。正式には厩戸皇子《うまやどのおうじ》・厩戸王《うまやどおう》などといわれ、一般的には厩戸皇子《うまやどのみこ》と呼ばれいます。

ところで、厩戸皇子のことを「聖徳太子」と呼んだ最も古い文献は、奈良時代なかばに編まれた漢詩集『懐風藻《かいふうそう》』の序文に記されているようですが、「聖徳」に重点をおくならば、706年（慶雲3年）に刻された法起寺（法隆寺の北東に建つ寺院）の塔の露盤《ろばん》の銘文（現物は失われている）に「聖徳皇」という表記があり、また『日本書紀』にも厩戸皇子の異名として、「東宮《ひつぎのみこ》聖徳」（『敏達天皇紀《びだつてんのうき》』）や「豊耳聡聖徳《とよみみと》」（『用明天皇紀《ようめいてんのうき》』）が記されています。

結局のところ尊称としての「聖徳太子」であるわけで、「聖徳」とは「聖人のような高い人徳をそなえている」というような意味であり、「太子」とは厩戸の皇子が叔母にあたる推古天皇の皇太子に立てられたという伝承にもとづく称号なのです。

ちなみに、聖徳太子に対する呼び名としては、「上宮《じょうぐう》太子」（「上宮」は「かみつみや」「うえのみや」とも読まれる）も歴史的には広く用いられてきました。この名は幼年時代の太子が父親の宮の南にあった「上殿《うえのみや》」に住んだとする伝承に由来するといわれ、太子の生前から用いられていたと考えられます。

上宮皇子（法隆寺夢殿内の太子稚児像）

というわけで、この人物の呼称としては「厩戸皇子」が最も適確であり、歴史的人物としての「厩戸皇子」と、没後に神秘化され信仰の対象ともなった伝説的人物としての「聖徳太子」とは明確に区別すべきだという意見もあるようですが、とはいえ、「聖徳太子」は日本人にとても親しまれている呼び名です。

❖——日本紙幣の顔　聖徳太子

日本紙幣史の中で、最も多く登場したのは聖徳太子です。

一万円札、五千円札、千円札、百円札と、1930年（昭和5年）に発行が始まった「乙百円券」にはじめて採用されて以来、「銀行券の顔」として最も多く登場しています。4半世紀以上にわたって発行され、長年国民に親しまれてきました。

聖徳太子像がこれだけ多く、日本紙幣（日本銀行券）の顔として採用された理由には、「十七条の憲法」や「冠位十二階」の制度を制定し、さらに、仏教をはじめ多種の宗教を保護し、遣隋使《けんずいし》【*1】の派遣により、緊張関係にあった隋との国交の回復に努め、また大陸文化を積極的に採り入れるなど、内外に数多くの業績を残した功績によることが大きいと

1958年（昭和33年）発行の1万円札
出典：Wikimedia Commons

考えられます。

❖——聖徳太子は何者か？

さてその聖徳太子ですが、日本の釈迦、イエスの生まれかわり、生き観音菩薩、日本仏教の教主、最初の往生者、そして未来を予見する予言者……。

限りない称讃を身にまといながら、これほど謎に包まれた聖人は他にはいません。

彼はいったい何者だったのでしょう。

聖徳太子の「聖徳」とは、先に記したように、太子の死後に贈られた諡号《しごう》（天皇から賜るおくりな）だともいわれています。

用明《ようめい》天皇を父に、穴穂部間人皇女《あなほべのはしひとのひめみこ》を母として生まれた太子は、わずか19歳で摂政に就任し、飛鳥《あすか》から斑鳩《いかるが》に拠点を移し、日本史上の国政に、類を見ない画期的な施政を次々と断行していきます。

誰もが知る、遣隋使の派遣、冠位十二階の制定、憲法十七条の制定、『三経義疏《さんぎょうぎしょ》』の執筆、法隆寺の創建等、多岐にわたっています。

その太子の実像ですが、最新の歴史学では、太子の生涯は実に謎に包まれていて、信頼すべき資料といわれた『日本書記』そのものにも疑問が呈されてきています。

また、その容貌《ようぼう》も不明で、近年まで一万円札に使われ、太子のイメージを決定づけたといわれる「唐本御影《とうほんみえい》」にしても、髪型や服装の考証から、これを太子とするには相当の無理があることがわかってきています。

太子は百済《くだら》の僧観勒《かんろく》【*2】から儒教や仏教以外に、暦などの天文地理書や、遁甲方術《とんこうほうじゅつ》の書も取り寄せて、優秀な学生《がくしょう》を百済の寺院に送りそれらを学ばせています。

この遁甲方術とは方位風水のような占術ではなく、兵法には欠かせない日本の忍術のもとになった隠遁術《いんとんじゅつ》のことです。

忍術秘伝書『万川集海《ばんせんしゅうかい》』には、日本ではじめて忍者を起用したのが、聖徳太子だとあります。忍びという単語には、万葉仮名めかして、志能備《しのび》という字をあてています。大伴細人《おおとものほそひと》なる人物が、本邦最初の忍者だったとか。

❖——聖徳太子の時代とペルシャの関係

私が小学生の頃の修学旅行は奈良・京都に行ったのですが、私には京都より、自然と共存している奈良の情景のほうが印象深くありました。

中でも、斑鳩《いかるが》という地名に、妙に惹かれる思いがありました。調べてみると、斑鳩とは、「斑の鳥《まだら》」を意味する、ペルシャの女神の使いの鳥であったことがわかりました。鳥をトーテム【＊3】とする考え方は、古代のペルシャやフランスにも見られます。

そして、「斑鳩《いかるが》」とは別名斑鳩《まだらばと》の意味でもあります。

「斑」とは、神社仏閣に住み着いた堂鳩《どうばと》または塔鳩《とうはと》と呼ばれていた土鳩《どばと》が語源で、もともとはヨーロッパに住む、カワラバトの一種を品種改良したものだといわれています。鳩の品種用語では、「サシ」「モザイク」などといわれ、白い鳩と灰色の鳩のかけ合わせで生まれたものらしく、詳しいメカニズムはわからないそうですが、突然変異の一種であることは間違いなさそうです。

ここで興味深いのは、聖徳太子が混血であったことなどは、斑鳩《まだらばと》に共通する、いわれがあったのではないかと連想できることです。

もう一つ、印象深いのは「法隆寺」でした。

とりわけ、八角形の「夢殿《ゆめどの》」は、本来の寺院の一角にあったのではなく、太子の宮殿にあった場所に建てられていました。私はプラモデルで作りました。

この夢殿には、生前の聖徳太子をモデルにした、1メートル80センチ近い長身にして面長の「救世観音《ぐぜかんのん》」【＊4】が安置されています。この救世観音は、手に火炎状の宝珠《ほうじゅ》を持ち、光背も後光ではなく火炎なのです。

まず当時の仏教建築様式には八角系の形態はなく、まぎれもなくゾロアスター教（拝火教）の神殿であり、その中で聖火が燃えている設定は、まさにゾロアスター教以外の何物でもないと言わざるを得ません。

‖法隆寺夢殿

‖救世観音像（救世観世音菩薩）

ですからこの救世観音は1千年以上もの間、秘仏となって隠されてきたのです。

太子はゾロアスター教の神殿の中で、祭祀を司っていたと思われます。また一説には、太子が最も寵愛《ちょうあい》したといわれる膳《かしわでの》大郎女《おおいらつめ》と、夢殿内で同じ夢を見ていたともいわれています。その夢は後に『未然記』『未来記』といわれ、聖徳太子の予言として今日に伝わっています。

そうなると法隆寺です。

法隆寺の金堂の天蓋《てんがい》に見える忍冬唐草文様《にんとうからくさもんよう》もまた中近東が起源であり、ペルシャから高句麗を通って日本に伝わったものなのです。

回廊《かいろう》や金堂、中門の柱の中央に膨らみを持たせる様式の「エンタシス」はギリシャ神殿で有名ですが、起源はやはり中近東にあります。

法隆寺の瓦《かわら》および周辺の古墳にも、シルクロードの終着点としての特異性が見られるといわれます。

さらにササン朝では、キリスト教の一派として、異端とされた景教（ネストリウス派）を、敵国ローマの反体制分子として受け入れるようになります。伝教を積極的に行うネストリウス派は、このあとさらに東方へと伝播し、中央アジアを経て中国（唐）にまで及んでいきます。

ササン朝時代には建築・美術・工芸の発達がめざましく、イランの伝統的な様式に、インドやギリシア、ローマの要素が加味されて国際的な性格を備えていました。

磨崖《まがい》の浮き彫りや、漆喰《しっくい》を使った建築の他、よく知られている金・銀・青銅・ガラス材料で製作した美術工芸品。皿や盃、水差し、香炉、鳥獣・植物の模様の彩釉《さいゆう》陶器などがあります。

法隆寺出土 忍冬唐草文軒平瓦破片
（京都国立博物館所蔵）

獅子狩文錦模造
（龍村平蔵作・東京国立博物館所蔵）

白檀香
（東京国立博物館所蔵）

いずれも出典：
ColBase（https://colbase.nich.go.jp/）

ササン朝美術の様式や技術は、次のイスラム時代に継承されるとともに、西方では東ローマ帝国を経て地中海地方に、東方では南北朝・隋唐時代の中国を経て、飛鳥・奈良時代の日本にまで伝来して、各地の文化に影響を与えています。

日本では、正倉院の漆胡瓶《しっこへい》や白瑠璃碗《はくるりわん》（カットグラス）、また前出の法隆寺の獅子《しし》狩文錦《かりもんきん》などがその代表例です。香木には、ペルシャ系の民族ソグド人のソグド語とササン朝ペルシャの文字であるパフラヴィー語が刻まれています。ソグド人は、ユーラシア大陸を広く交易してまわり、7世紀には高句麗の黒龍江にも来ていました。

❖――高句麗の聖地・黒龍江省ハルビン市と吉林省《きつりんしょう》集安市《しゅうあんし》

黒龍江省は現在中華人民共和国の一つの省です。遠いように思いますが、実は日本列島とは目と鼻の先に等しく、当時の日本海は、渡嶋《わたりのしま》と総称された、まだ沈没する前の島々が、佐渡島の北西に点在しており、高句麗と日本列島は直結していたのです。そうしたこともあって、高句麗人は絶えず日本海を渡って来ていました。

私は幾度か北朝鮮（朝鮮民主主義人民共和国・当国では共和国と称す）を訪れていますが、北の白頭山（ペクトサン）と並ぶ、風光明媚な南の金剛山（クムガンサン）の岸壁は、日本の福井県の越前加賀海岸国定公園に指定されている、東尋坊の海食崖《かいしょくがい》とまったく一緒です。

それもそのはずです。金剛山は北緯38度39分24秒に位置し、東尋坊は北緯36度14分16秒と、非常に近い緯度値にあります。つまり、高句麗（現北朝鮮）は日本に一番近い国なのです。

平壌・万寿台大記念碑にて
（後ろは金日成像）

また黒龍江省の大都市ハルビン市は、旧満州の北部に位置し、冬季の気候は厳しいのですが、市全体がロシア的な雰囲気があり、外国人も多く、国際的な都市でもあります。日本に帰化した友人の中国人女性は、故郷であるハルビンを自然と調和したとても美しい都市だと誇っていました。

筆者も2度訪れましたが、今はなき日本のふるさとを彷彿とさせる都市でした。

広開土王の石碑前で（ガラスの奥に見えるのが石碑）

さらに黒龍江省から北へ進むと、吉林省集安市があります。

ここには高句麗第十九代の王である好太王《こうたいおう》（広開土王《こうかいどおう》）【＊5】の業績を称えた好太王碑《こうたいおうひ》別名（広開土王陵碑）があり、広開土王の長子である二十代長寿王《ちょうじゅおう》の巨大な陵墓《りょうぼ》もあります。

この集安市には「白龍寺《はくりゅうじ》」があり、私と仲間の僧侶3人は、この寺院に大念珠を奉納【＊6】し3度訪山しています。

この吉林省集安市こそ、高句麗中興の祖・広開土王の聖地であるとともに、高句麗民族の主たる土地でもあるのです。つまりは主体思想（チュチェ）を標榜する現朝鮮民主主義人民共和国の聖地でもあるのです。

さて、黒龍江省ハルビン市と吉林省集安市の一部地域では、中華人民共和国でありながらも朝鮮族が居住し、いまだに朝鮮語が使用されています。特に集安市の白龍寺村落周辺では、老いも若きも朝鮮語を話し、年配者の中には日本語も話す人たちもいました。

❖――大陸を横断する陸路

西アジア諸国の文化は、海路と陸路を経由して日本列島に伝播しますが、陸路では中国大陸を経由して伝わる文化と、朝鮮半島を経由して伝わった文化があります。

歴史の常識では、シルクロードを通って、さまざまな物質が日本に運ばれたことになっています。シルクロードという呼称は、中国の絹の取引がされていたことに由来するのですが、実は、この交易路とは別に、いくつかの分岐路があったのです。

その一つが、最近のロシアなどの研究で広く知られるようになってきた「北の草原ルート（ステップルート）」と呼ばれる交易路で、日本海沿岸や黒竜江地域から、このルートを西に直進すれば、かつてスキタイ人が活躍した中央アジアのステップ地帯を通って、地中海地域まで出られるのです。

草原ルートの最大のメリットは、山岳地域や砂漠地帯を迂回できること、また何よりも漢民族に干渉されることなしに通行できることでした。

よって、ペルシャなどの西域からの文物が、日本列島に入ってきたのです。
次章では少し、古代日本と大陸や半島に関連した逸話を紹介しましょう。

＊1【遣隋使】大和政権から隋へ派遣された使節。607年から推古天皇の時代に、小野妹子らが派遣された。
＊2【観勒】百済の僧。602年、暦法、天文、地理、方術などの書を携えて来日、仏教と共に道教を伝えた。
＊3【トーテム】ある血縁集団が、自分たちと特別の関係を持つものとして崇拝する動植物などの象徴。
＊4【救世観音】観音菩薩の称号。人々を世間の苦から救うことからいう。
＊5【好太王（広開土王）】高句麗第19代の王。南北に領土を広め、仏教を篤信、高句麗の最盛期を築いた。
＊6【大念珠を奉納】　大念珠祈禱会2000年（平成11年）に大念珠製作者の林寛至氏（大念珠庵主）を筆頭に、釈正輪（日本国）、崔无碍師（チエ・ムエ、朝鮮民主主義人民共和国）、宋静悟師（ソン・ジョンゴ、大韓民国）三国の有志僧侶が大念珠をつくり、それを世界各地の聖地に安置し、世界平和祈願をするために始めた運動。

第19章　聖徳太子と北極星

❖──聖徳太子と天帝天皇思想

聖徳太子といえば仏教を招来した人物と思われていますが、仏教だけを信奉したのではありません。

『日本書紀』には、物部守屋《もののべのもりや》との戦いで、戦勝祈願に四天王寺建立を発願したこと、そして『勝鬘経《しょうまんきょう》』『法華経《ほっけきょう》』を講義したという記述がありますが、それ以後に太子が仏教行事に参加した様子はないのです。

太子はこの二経を講義した翌年には、「皇祖《こうそ》が厚く神祇（天《あま》つ神国《くに》つ神）を敬っていたから、祭りを怠るな」という勅令を発布しています。大臣《おおおみ》であり、義父の蘇我馬子《そがのうまこ》とともに百寮《ひゃくりょう》全官吏《かんり》を率いて神祇《じんぎ》を祭拝しています。

また599（推古天皇7年）年には、深刻な被害をもたらした地震後、国中に地震の神を祀らせています。

『隋書《ずいしょ》』【*1】にも、倭王《わおう》は天をもって兄とし、日をもって弟として、夜が明ける前に政治を開き、夜が明けたら弟に任せたと言って、政務を止めたという記述があります。ここにあるのは強烈な「天神信仰」なのです。

太子の学識はとても広く、迦波羅《かばら》や陰陽《おんみょう》の知識は豊富でした。

太子が制定した冠位《かんい》には、陰陽五行《おんみょうごぎょう》思想の五常《ごじょう》の仁・義・礼・智・信のすべてが含まれていたことが、それを示しています。

太子の信仰のもとは「天神信仰天帝思想」です。天帝とは地軸の北に位置する星「北極星」

と「北斗七星」のことです。

天皇という言葉自体がもともと北辰（北極星）を神格化した「天帝天皇または天皇大帝」をルーツにしています。

一般に地球の地軸（自転軸）は、地球の公転面に対して垂直に立っているように思われていますが、地球は公転軸に対し約23・4度、公転面に対し約66・6度と斜めに傾いています。そしてその地軸の延長線ともいうべき方向に北極星があるのです。

陰陽道では裏鬼門といって、魑《ち》魅《み》魍魎《もうりょう》邪鬼の通る方角とされていましたが、本来は神聖な方角なのです。

鬼門の起源は古代中国の説話や歴史上の情勢・地形の問題など諸説ありますが、日本では平安時代の頃から京都を中心に浸透した陰陽道の思想にもとづいています。

「鬼門」には「表鬼門（いわゆる鬼門のことです）」と「裏鬼門」があり、それぞれ北東とその反対の南西をさします。陰陽道では、北東と南西は陰陽の狭間で不安定になるとされ、裏鬼門も鬼門と同様に不吉な方角といわれています。

ちなみに鬼門の方角は鬼（邪気）が出入りして集まるところとされ、不吉なものと恐れられてきました。そのため、都や幕府の鬼門にあたる方角には鬼門除けとして日吉大社・貴船神社・鞍馬寺などの社寺が建てられました。桓武天皇は平安京の鬼門除けとして比叡山延暦寺を建立したとも伝えられています。

仏教では北斗の神は「妙見菩薩」といわれています。妙見菩薩は北東を司る仏です。

余談になりますが、その妙見菩薩の頭に鹿の角が描かれています。

聞き慣れない言葉に拃《かせぎ》があります。拃とは鹿の古名であり、地球の地軸にたとえられています。

マタギであった私の母方の祖父は、鹿《しか》とは言わず、鹿《かせぎ》を仕留めにいくと言っていました。その鹿（拃）ですが、神の遣いといわれ、龍の変幻した神獣とたとえられているのです。

❖――聖徳太子の思想に影響を受けた石門心学《せきもんしんがく》の祖・石田梅岩《ばいがん》

聖徳太子が十七条憲法で説く三宝は、仏教でいうところの三宝「仏（悟りを得た解脱者）、法（宇宙の真理、仏法）、僧（教えを実践し、広める修行者）」と一般には解釈されておりますが、私にはむしろ、「儒教、仏教、仙道（古《いにしえ》からの信仰）」を三宝として、太子は政治的に用いていたと感じられるのです。

そして、同じくこの三宝を民衆にわかりやすく説いたと思われるのが、江戸時代中期の石門心学創始者、石田梅岩（1685年～1744年）です。

はじめて名前を聞く方もいらっしゃるかもしれませんが、武士中心の封建的な江戸時代にあって、現代的にいうと社会活動家のような稀有《けう》な存在。

その石田梅岩は、京都府亀岡市の農家の次男坊として生まれました。はやくから京都の商家で奉公をし、一度実家に戻って農業をした後は、ふたたび京都で商人として働きます。

梅岩は十代の頃から人間とは何かを知るために、儒教、仏教、神道、さまざまな思想を学び続けます。そして45歳の時に商人をやめて、年齢、性別、身分を問わず無料で受け入れる私塾を開き、生涯を学問と市井の人々の感化に捧げました。

梅岩は偏ることなく、それぞれの思想のよいところを用いて、結果的に独自の学派をつくります。当時、農民などにくらべて非生産者として差別されていた商人に対し、物を売買することにより経済に参画しているという自信を持たせ、正しい商売による社会貢献という概念を伝えました。これらは、身分や経済活動において聖徳太子が説いていたような「和をもって貴し」であり、多くの人々に希望を与えました。

梅岩の思想は、後の渋沢栄一やさまざまな人物に影響を与え、日本の産業発展にも功を奏します。まさに太子のように時代を経ても普遍的な真理は廃れず、受け継がれていくのです。

「性理（人の本性と天地の道理）」に明るい者が文学の道にも精通することができるなら、間髪をおかずに「聖学（聖人の学問）」が勃興し、世の中に広くゆきわたるだろう」

「文武両道に秀でた士で、〈性理〉に通じた者が今の世にいることを私は強く願うのだ。あなたも〈一理〉を明らかにできるようになれば、その時こそ、『日本書紀』の〈神聖其の中に生まれます、国常立尊と號《ごう》す〉の意味を理解し、天が与えてくれる楽しみを満喫できるように誠を尽くしながら、真実の道に入られるようにされたい」

（引用：『都鄙問答』石田梅岩（致知出版社））

❖――推古天皇《すいこてんのう》の即位

日本で最初の女帝となった、いや東アジアで最初の女帝となった人物こそ「推古天皇」でした。

554年（欽明天皇15年）生まれ。父は第29代欽明天皇《きんめいてんのう》、母は蘇我馬子《そがのうまこ》の姉、蘇我堅塩媛《そがのきたしひめ》です。

推古天皇の即位には、蘇我馬子が天皇と娘を結婚させることにより、権力の拡大を図るための意図があり、政略結婚で誕生した皇女《こうじょ》だったのです。

後に夫となる第30代敏達天皇《びだつてんのう》は欽明天皇の皇子で、推古天皇にとっては異母兄になり、敏達天皇との間には竹田皇子《たけだのみこ》をはじめ、6人の子をもうけました。

推古天皇になる前は『古事記』では炊屋姫《かしきやひめ》と書かれ、『日本書記』では額田部皇女《ぬかたべのみこ》と称されていました。

蘇我馬子《そがのうまこ》をはじめとする大和《やまと》の有力な豪族たちから即位の打診を受けますが、三度目にしてようやく決断し、要請を受け入れます。592年（崇峻《すしゅん》天皇5年）、39歳の時、豊浦宮《とゆらのみや》（奈良県高市郡明日香村）で即位し天皇となりました。

❖――推古天皇と聖徳太子の関係性

聖徳太子は574年（敏達天皇3年）生まれ。先の文章にも記したように父は推古天皇の同母兄にあたる第31代用明天皇《ようめいてんのう》。母は欽明天皇の娘で、推古天皇とは異母姉妹にあたる穴穂部間人皇女。つまり聖徳太子の両親は異母兄弟であり、推古天皇は母方・父方両方の叔母にあたります。


古代の豪族の血縁関係には近親婚が当たり前にあったようです。

神道の祭祀に用いられる大祓《おおはら》えは、犯した罪・穢れを祓うために唱えられた祝詞《のりと》の一つですが、現在、多くの神社の「大祓詞《おおはらえのことば》」では、根幹ともいえる部分、「天つ罪」・「国つ罪」の罪名部分が削除されています。

そのくだりが、「天つ罪　国つ罪　許許太久《ここだく》の罪出でむ」となっている部分で、とくに「国つ罪」においては、十三種の罪が具体的に明記されており、近親相姦をはじめ、獣姦、先天異常、天変地異などで、人間の遵守すべき倫理観や道徳に関して背くことが罪であるという内容なのです。しかし朝廷や豪族間では、比較的自由な世界でもあり、年に6月と12月の二回、大祓いをすればすべてリセットされるという、人間にとって都合のよい祝詞でもあるのです。

推古天皇は即位した翌年の593年4月10日、厩戸皇子いわゆる聖徳太子を皇太子《こうたいし》並びに摂《せっ》政《しょう》に任命しています。ここで一つの疑問がわくのですが、推古天皇はなぜ、自身の長男である竹田皇子《たけだのみこ》を皇太子にしなかったのか？　諸説ありますが、推古天皇は摂政の厩戸皇子と、大臣の蘇我馬子の3人によるトロイカ体制【＊2】で「中央集権国家」【＊3】を樹立したのでした。

❖——聖徳太子と天皇の名称

天皇がいつどのように成立したかは、研究者によって意見が分かれ、学説が多様に分かれているも、一つの仮説として「天皇」と名乗るようになったのは、推古天皇の時代か、もしくは天武天皇の時代だという二つの説があるようです。たとえば、607年推古天皇の丁卯《ひのとう》の年に造営された法隆寺金堂の薬師如来像の光背の銘に「池辺大宮治天下天皇（いけべのおおみやにあめのしたしろしめししすめらみこと）」と記されており、この頃にはすでに用いられていたことは確かです。

では「天皇」の称号が使われる以前では、日本の君主はどのように呼ばれていたのでしょう。『史書』にも記されていますが、一般的に「オオキミまたはオホキミ」などと呼ばれ、漢字では「大王」と記されています。また形式時では「スメラミコトまたはスベラギ、スベロギ」といわれていたようで、「オオキミ」を神性化する呼称のようなのですが、語源がわからないといわれています。

それでは「オオキミ（大王）」や「スメラミコト」がどのように「天皇」と変化していったのでしょうか。

それを考察する証拠が一つあります。608年（推古天皇16年）、聖徳太子が中国の隋の皇帝・煬帝《ようだい》【＊4】に送った国書の文書内に「天皇」の記述があります。

「東天皇敬白西皇帝（東の天皇が敬いて西の皇帝に白す）」と記されています。『日本書紀』に、この国書についての記述がありますが、「天皇」の称号使用が確認される最初の例とされます。

聖徳太子は小野妹子《おののいもこ》を遣隋使として、隋の都・大興城《だいこうじょう》（現在の西安）へ派遣します。その時、妹子が携えていた有名な国書が、多くの日本人が知る「日出處天子致書日沒處天子無恙云云（日出づる処の天子、日没する処の天子に書を致す、つつがなしや、云々）」と書かれていたものです。

この国書に対し、隋の皇帝煬帝から返書がありますが、聖徳太子はその煬帝の返書に対する返礼として送った文書に書かれてあったのが、「東天皇敬白西皇帝」の国書なのです。

ここに最大の意味が込められているのです。それは日本の君主が、自らを「天子」や「天皇」と明記したことです。

当時、日本は中国から「倭《わ》」と呼ばれ、その君主の称号として「倭王」を授けられていました。「倭王」は中国皇帝に臣従するという位置づけだったようです。

そこで聖徳太子は中央集権体制を整備し、国力を急速に増大させていく状況で、中国に対する臣従を意味する「王」の称号を避け、「天皇」という新しい君主号をつくり出しました。皇国として、当時の中国に互角に対抗しようという大いなる気概が聖徳太子にはあったのです。しかもその「天皇」は女帝なのです。

推古天皇のことは『日本書紀』に「容姿端麗で才能がある」と書かれていますが、それだけではありません。彼女はたぐいまれなる霊性を持った慈悲深い天皇でした。天皇の晩年の言葉からその御心がうかがえます。「ここのところ五穀が実らず、民衆が大いに飢えている。それゆえ、私のために御陵を造って厚く葬る心遣いは不要である……」と告げています。治世とともにたえず人々の暮らしを気遣っていたのです。

実はその霊性と慈悲深さこそ、彼女の真骨頂なのです。聖徳太子は「そこ」に注目しました。

❖――天照大御神《アマテラスオオミカミ》はなぜに「女神」なのか

天照大神《アマテルオオカミ》の誕生は、『古事記』『日本書紀』によると、火の神を生んだ伊邪那美命《イザナミノミコト》（伊弉冉／伊邪那美／伊耶那美／伊弉弥）が黄泉の国に去り、後を追った伊邪那岐命《イザナギノミコト》（伊弉諾／伊邪那岐）が禁忌を犯し、伊邪那美命の腐乱死体を見て逃げ出し、黄泉の国の汚れを落とすために日向《ひゅうが》の橘の小門の阿波岐原《あわきがはら》で禊ぎをしました。その時に、左の目から天照大神、右の目から月読命《ツキヨミノミコト》、鼻から素戔嗚尊《スサノオノミコト》が生まれたとあります。黄泉の国の汚れを落とすための禊の儀を行った後、天照大神は左の目から生まれたとされています。

この三柱の神は「三貴子《さんきし》（みはしらのうずのみこ）」と称され、三貴神《さんきしん》ともいわれる男神です。

天照大神は天照大御神とも称され、日本神話の主神として登場するのですが、「女神」と解釈され高天原《たかまがはら》を統《す》べる主宰神で皇祖神ともされる神なのです。「記紀」においては、「太陽神の性格と巫女の性格をあわせ持つ存在」として描かれているのが特徴ですが、そもそも天照大神はなぜ「女神」なのか？　弟の二柱の神は男神なのに……私はそれが不思議でなりませんでした。

聖徳太子を調べていくうちに、その疑問が解決したのです。そこには聖徳太子の大いなる「国仕掛け」が隠されていたのです。

❖——天照大神は「女神」なのか「男神」なのか

天照大神は、『古事記』では天照大御神と明記され、『日本書紀』では天照大神と記載されています。

さらに多数の別名があります。大日孁貴神《オオヒルメノムチノカミ》、大日女尊《オオヒルメノミコト》、大日霊《オオヒルメ》、大日女《オオヒメ》もすべて天照大神。この別名はすべて「おおひるめ」と呼ばれていることに、何か感じられないでしょうか？

そうです。「おおひるめ」との呼称です。

記紀神話には「天照大神」を「於保比屢咩能武智《オホヒツメノムチ》」といい、また「天照大日孁尊《アマテラスオオヒルメノミコト》」というとあります。

「おおひるめ」の「おほ」は大きいことを表し、「ひ（太陽）」は「る（助詞のノ）」、「め（女）」、「むち（尊貴）」であり、「偉大なる太陽の女神」。すなわち天照大神は「女神」となるのですが、話はそんなに単純ではなさそうなのです。

＊1【隋書】二十四史の一つ。もと本紀5巻、列伝50巻を魏徴《ぎちょう》らが唐の太宗の勅を奉じて撰じ、636年に完成。
＊2【トロイカ体制】3人の有力者あるいは3か国などを中心とする体制。
＊3【中央集権国家】統治の機能が中央政府に統一集中している国家。近代国家成立期において著しい。
＊4【煬帝】隋の第2代皇帝。晋王であった589年、行軍元帥として南朝の陳を征服。大運河、長城の建設などを行った。

第20章 天照大御神について

❖――天照大神は「男神」だった

天照大神は女神ではなく、本来は男神であり女神にすりかえられたという説があります。世界中で太陽神は陽である男性神として多く祀られていますが「なぜ日本では女神なのか」というのが長年の疑問でした。

日本書紀では、最初この神は大日孁貴《オオヒルメノムチ》太陽神で女神と記載されています。「孁」という漢字の字義は、女性の字《あざな》で巫女の意味があり、太陽神を祀る巫女がなぜか祀られる側に位置づけられているように思われます。この謎には、古事記、日本書紀が編纂された時代の権力者、持統天皇と藤原不比等が関係しているのではないかという説もあります。

❖——古代高句麗の思想

女帝（持統天皇）＝天照大神は、さもありなんと思います。それについて私はこのように考察しています。

古代朝鮮時代（いわゆる檀君神話《だんくんしんわ》【＊1】が始まるあたり）には濊貊《わいはく》（わいばく・かいはく）【＊2】といわれる民族が満州【＊3】に居住していました。濊（穢とも書き、古代朝鮮語ではパクと呼ばれる）には穢族（彪・メ族）と濊族（イェ族）の2部族が共存します。濊族《イエ》はやがて百済《くだら》【＊4】をつくり、穢族《メ》は高句麗を建国します。

この二つの部族は後に日本列島に渡来します。先に入ったのが濊族《イエ》。その後、穢族《メ》が渡来します。

聞くところによると、濊族《イエ》は「虎を崇拝」し㈧の族紋で表し、穢族《メ》は「熊を崇拝」したといいます。檀君神話に出てくる虎と熊の伝説はそれを象徴しています。

持統天皇は濊族《イエ》、つまり百済系の女でした。

また穢《メ》は、日本では八咫烏《やたのからす》（やたがらす）【＊5】と名乗り、彼らは「太陽信仰」だったのです。

濊貊は沃沮《よくそ》・夫余《ふよ》の前身でもあり、韓国の江原道溟州《カンウォンドミョンジュ》にいた東濊は、前漢代の中国東北部にいた濊と同じ民族といわれています。このように、濊貊系とみられる民族は満州、朝鮮半島と深い関わりがあり、特に古代朝鮮と古代日本については、機会があればまた論説したいと思っております。

＊1【檀君神話】朝鮮の開国神話で、天命によって降臨した、古朝鮮の開祖。名は王倹。檀樹の下に降臨した天帝の子桓雄と熊女の子。１５００年間統治したという。朝鮮民族の始祖。檀君紀元の元年は西暦紀元前２３３３年。

＊2【濊貊（わいばく・かいはく）】主に中国東北部から朝鮮北部・東部に住んだ古代のツングース系民族。扶余《ふよ》、高句麗、沃沮《よくそ》などはこれに属する。

＊3【満州】中国東北地方の旧称。主に日本、ロシアなど外国で用いられた。元民族名。現在の東北三省（遼寧《りょうねい》、吉林《きつりん》、黒竜江《こくりゅうこう》）と内モンゴル自治区の一部。

＊4【百済】古代朝鮮の国名。4～7世紀、朝鮮半島の南西部に拠った国。高句麗、新羅に対抗する

ため、倭・大和王朝と提携する一方、儒教・仏教を大和王朝に伝えた。唐・新羅の連合軍に敗れ、６６０年に31代で滅亡。

＊5【八咫烏（やたがらす）】記紀伝承で神武天皇東征のとき、熊野から大和に入る険しい道の先導となったという大烏。新撰姓氏録によれば、賀茂《かも》建角身命《たけつのみのみこと》の化身と伝えられる。また、中国古代説話で、太陽の中にいるという三本足の赤色の烏の日本での呼び名。

第21章

能除太子《のうじょたいし》

❖——あぁ、我が故郷《ふるさと》よ

ここで聖徳太子に深く関係する人物を紹介しましょう。

「あぁ、我が故郷よ」

この言葉は聖徳太子の従兄弟にあたる「蜂子皇子《はちのこおうじ》」別名「能除太子」が、「日本国《にほんこく》」という名称の山に登頂した際、北西に向かって叫ばれた言葉だと、まことしやかに伝わっています。

「日本国」山は別名「石鉢山《いまくさやま》」とも呼ばれる、新潟県村上市と山形県鶴岡市との境を隔てる分水嶺上の標高555メートルの山です。

日本国山の頂上モニュメントと登頂時の著者

私は日本国山の山形県寄りの麓《ふもと》村落に先祖代々住み、山の一部の山林を所有している知人の招きで、日本国山を調査するために幾度となく登っております。

調べる過程で面白い話を、地元住民の老人たちから聞いたことがあります。

それは私たちの住むこの「日本」の国名はこの「日本国山」から、天武天皇が命名したとも……。

「日本国」の山名については諸説あるようですが、私は、『出羽国風土略記・巻の二「田川郡小國館」（進藤重記／米沢市立図書館蔵）に記されている「越後出羽の境に日本国という名の地があった」という記述に関心を持ちました。

大和朝廷の支配地域の最北端および、ここまでを日本国としたのではないかとも推察できるのです。

さて話を蜂子皇子に戻しますが、蜂子皇子は崇峻天皇の第3皇子として生まれました。蜂子皇子の父・崇峻天皇と、聖徳太子の父・用明天皇が兄弟である血縁から、蜂子皇子と聖徳太子は従兄弟関係になります。ちなみに、推古天皇や、穴穂部間人皇女の4人の父親は欽明天皇となります。

山形県鶴岡市由良に立つ八乙女像

日本国山の地元山形県鶴岡市には「八乙女伝説」があります。

蜂子皇子の父・崇峻天皇は、以前から臣下の蘇我馬子と対立していたために暗殺されてしまいます（記録によって確定している中で、唯一暗殺された天皇）。

よって皇嗣《こうし》である蜂子皇子にも身の危険がありました。

蜂子皇子は都から逃れるべく宮中を脱し、聖徳太子を頼って由良（現在の京都府宮津市由良）の港から船に乗り北を目指し、途中、福井や新潟、佐渡に立ち寄りながら、593年（崇峻大皇5年）の春、庄内に辿り着きました。現在の鶴岡市由良の名は、蜂子皇子が出航した京都の港、由良にちなんでつけられたといわれているとのこと。

鼠ケ関《ねずがせき》の八乙女浦《やおとめうら》の絶景に蜂子皇子がただただ、心を奪われていると、美しい鈴の音と清らかな歌声が流れてきました。

その声に導かれるように船を進めていくと大きな洞窟があり、その入り口近くの平らな岩の上で8人の乙女たちが舞っていました。ところが蜂子皇子の船に気がつくと、乙女たちは姿を隠してしまいました。蜂子皇子は不思議に思い、船を寄せようとしましたが、波しぶきが激しく散り、船は思うように進みません。その時、2人の乙女、恵姫《えひめ》と美凰《みおう》が岩の上に姿を見せ、手招きして岩を避け、船の進む道を教えたのでした。

他の乙女たちも不安そうに顔をのぞかせましたが、蜂子皇子が天皇家の者で、人々を苦しみから救うため、出羽の聖なる山を目指していることを伝えると、乙女たちは顔を見合わせ、恵姫が、八乙女浦は山の神様が生まれた所で、荒倉山《あらくらやま》を越え、東へ向かえば、聖なる山に着くと教え、「出羽三山《でわさんざん》」に導いたのでした……。

蜂子皇子が北西に向かって叫んだ言葉「あぁ、我が故郷よ」は、この出羽三山に向かう途中に、2人の乙女に導かれた御山「日本国」山頂からだったのです。

紙幅の関係上、蜂子皇子の話はここまでといたしますが、西北の方角とは、まさに高句麗を指すのではないかと私は推察します。「日本国」山の緯度は、北緯38度31分30秒で、現在北朝鮮の金剛山とほぼ同じ緯度にあります。

いずれにせよ、蜂子皇子なる人物は聖徳太子と血縁にあり、聖徳太子が蜂子皇子をなぜ北に逃亡させたのか？　謎は謎を呼んでさらなる検証が必要になってきます。

❖――羽黒山、ある神社に伝わる秘宝と宮司の奇譚《きたん》

「出羽三山は、月山《がっさん》、羽黒山《はぐろさん》、湯殿山《ゆどのさん》の総称で、古くから山岳修験の山として知られています。開山は約1400年前、第32代崇峻天皇の皇子である「蜂子皇子」が三本足の霊鳥に導かれ、羽黒山に登拝し、羽黒権現を獲得、山頂に祠《ほこら》を創建したのが始まりとされています。皇子はさらに月山権現と湯殿山権現を感得し、三山の開祖となりました。以後、羽黒派古修験道として全国に広がりました」

（引用：一般社団法人DEGAM鶴岡ツーリズムビューロー・つるおか観光ナビ「羽黒山」）

この出羽三山の一つ「羽黒山」には古《いにしえ》よりの神社がありますが、この中でも特に、とある神社（話の内容につき固有名詞を表記できないことをお許しください）は社歴も古く、神職は代々継承しています。筆者は先代の宮司には懇意にしていただき、「あるもの」を見せていただきました。

羽黒山五重塔にて

宮司は私に当神社の「御神体」をお見せしようと、いとも簡単におっしゃられ、拝殿の奥からその「御神体」なるものを持ってこられました。それは緞子《どんす》生地に包まれた45センチ四方の正方形をしています。宮司が布をまくると中は古い桐箱でした。

宮司は四方掛けの紐をゆっくり解き桐箱の蓋を取りますと、中にはまた布で巻かれた「そのもの」があり、布を取りますと「そのもの・御神体」は青銅製の「神鏡」でした。

宮司はそれを布と一緒に私に手渡してくれ、布に包まれた状態で手にしたのですが、7～8キログラムほどのずっしりとした重量感がありました。

問題はその後の宮司の言葉です。

「武藤（本名）先生、その神鏡は「八咫鏡《やたのかがみ》」といい、この神社に古くから伝わる御神体であり宝鏡です。この神鏡の裏を見てください」

裏返してみますと、見慣れない文字が刻まれていました。

宮司に「なんと書かれているかわかりますか？」と聞かれるも、私ははじめて見たので、「まったくわかりませんが、これは神代文字でしょうか。あるいは俗にいわれるカタカムナでしょうか」と聞き返しますと、宮司はニコニコしながら、「これは日本語ではなくヘブライ語です。しかも古代のヘブライ語ですから、今のヘブライ語ではないようです。そしてその意味ですが、〈我は在りて在るもの〉という意味だと伝わっています。しかしこの八咫鏡は本物ではなく、今でいうレプリカなんですよ。それでもとても古いものであることは間違いありません」とおっしゃいました。

東北はとても謎の多い地域でますます興味がわいてきました。親しくさせていただいた宮司は、その3か月後に亡くなりました。

❖――羽黒山五重塔と「武藤家」の因縁

東北地方には、近畿地方に勝るとも劣らない仏教文化があります。その一つに出羽三山の霊場羽黒山があります。この羽黒山には三山の神を祀る三神合祭殿がありますが、そこへ至る参道の途中の木立の中には、１９６６年（昭和41年）に国宝に指定された東北地方では最古の五重塔が建っています。

平安時代に平将門《たいらのまさかど》が建てたと伝えられ、長慶天皇の文中年間（約６５０年前）に庄内領主で羽黒山別当の大宝寺《だいほうじ》政氏《まさうじ》（＝武藤政氏）が大修復（再建）を行ったという記録が残されています。近くには樹齢１０００年、樹の周囲10メートルの巨杉「爺杉《じじすぎ》」があります。古くは瀧水寺《りゅうすいじ》の五重塔といわれ、付近には多くの寺院があったといわれますが、今はなく五重塔だけがあります。

宮司いわく、「藤原《ふじはらの》鎌足《かまたり》」を初祖とし、藤原北家である私（武藤）の家系と、先の大宝寺（武藤）とは同じ鎮守府将軍藤原秀郷《ひでさと》を中興の祖とする流れにある」とのこと。実に不思議な因縁を感じております。

第22章 聖徳太子は外国人

❖――聖徳太子の母はペルシャ人？

聖徳太子の母親といわれる「穴穂部間人《あなほべのはしひと》の皇女《ひめみこ》」は、非常に謎が多い女性です。日本最古の記録『上宮聖徳法王定説《じょうぐうしょうとくほうおうていせつ》』【*1】によりますと、穴穂部間人とありますが、一説によりますと、この「間人《はしひと》」という名前は、「波斯《はし》」のことをさし、ペルシャ人のことをいうようで、パルシーグ（パルシング）と呼んでいたことに由来するといわれています。

太子の母の名もこれと同様に、そのルーツを示しているのです。

太子に所縁《ゆかり》の深い、日本海に面した京都府丹後市は、古くから伽耶《かや》【*2】の文化が入り、稲作や鉄の精製技術がはやくから発達し、丹波王朝《たにわおうちょう》として栄えました。この地には、穴穂部間人が皇后になった時、朝鮮半島の言葉で「領地」を意味する「湯沐邑《たもる》」（とうもくゆう、ゆのむら）が置かれています。湯沐邑とは、古代中国と、飛鳥時代から平安時代までの日本で、一部の皇族に与えられた領地で、国と時代により実態が大きく異なりますが、この地は兄であり夫であった用明天皇から受け継いだ所有地でもありました。

この地域には、「間人」と書いて「たいざ」と読ませる地名がありますが、死者を朝鮮半島に向けて埋葬する風習が残っているなど、半島との関連の深さを感じさせることから「たいざ」が、朝鮮の言葉であっても不思議ではありません。

「たいざ」は、半島の言語で「すべてをつないだ」という意味で、文字通りの解釈「間にいる人」「仲介者」と似ています。

間人皇后には同名の穴穂部という弟がいて、「生ける王」を自称していました。その名にある「穴」とは「阿羅《あら》」であり、阿羅とは古代朝鮮の三国時代【*3】の最も南に位置する「金管伽耶《きんかんかや》」のことです。

そして、太子が生まれた磐余《いわれ》というのも、半島の伽耶にまつわる地名なのです。

当時の倭国においては、「伽耶の王族だけが正当な王となれる」という不文律があったと考えられます。

伽耶連合は、太子の生まれる前にすでに滅亡して新羅に吸収されていましたが、伽耶の王族や貴族は、半島三国に離散したり、列島に移住するなどして、その後も重大な役割を果たしていたものと思われます。

つまり、聖徳太子の母、穴穂部間人皇女は伽耶王族の出身であり、さらには中近東と深く関連しています。

＊1【上宮聖徳法王定説】最古の聖徳太子伝。1巻。著者未詳。太子の誕生、一門、仏法興隆の事績などを記す。

＊2【伽耶】古代、朝鮮半島南東部にあった国々。562年新羅により併合。日本では多く任那《みまな》と呼ぶ。

＊3【古代朝鮮の三国時代】朝鮮半島で高句麗、百済、新羅が鼎立した時代。

第23章　聖徳太子の大嘘と国仕掛け

❖――聖徳太子の陰謀

先の章では、男神であった皇祖神を、持統天皇と藤原氏の陰謀により、すり替えがあったのではなかろうかと一部推察しましたが、筆者が考察するすり替えは、もっと以前にあったのではないかと考えています。その首謀者こそ聖徳太子です。

聖徳太子は天帝思想から日本の君子を「天皇」という称号に変えています。

その最初の天皇称号は「推古天皇」でした。そして日本の皇祖神は「天照大神」であり、その神が男神では都合が悪いのです。なぜなら、推古天皇は日本で最初の女帝であると同時に、皇祖神が受肉【*1】した「現人神《あらひとかみ》」でなくてはならなかったからです。そこで聖徳太子は男神の天照大神を、「天照大御神」の女神にすり替えたのでした。

しかし「天照大御神」は太陽神である以上、陰陽道においては陰陽《いんよう》（おんみょう・おんよう）の「陽」は男でなくてなりませんが、後に記載します迦波羅においては「陽」は女性でなくてはならないのです。そもそも「神」とは「なにもの」かをはっきりしたいところですが、人間がそれを知る由もなければ知る必要もないのです。

天照大神が男神であった理由はまったく別の解釈が存在するのです。

❖——女帝である意味

太子の想いはただひたすらに北斗信仰の天帝思想にあるのですから。大切なことは「神」が男神か女神かではなく、なぜ、推古天皇が女帝であったのかなのです。

太子にはこの国を治める者は、男ではなく女だという根本思想があったからにほかならないのだと考えます。

そもそも聖徳太子なる人物は、中央アジア、ペルシャの血を引く人間でした。ペルシャの民《たみ》は多数の国や民族の複合集合国家でした。よって思想や宗教も多様であったはずです。

私は過去に中東に幾度かおもむいたことがありました。中でもサウジアラビア王国での「マッカ（メッカ）巡礼」は貴重な経験でした。

灼熱の大地や砂漠の民は、確かにその厳しい気候から太陽信仰だと思われがちですが、実はそうではないのです。中東の国々の中には、日中の気温が時に45度前後になる地域があります。さらに砂嵐なども起き、日中の移動は非常に危険なのです。

昔、ペルシャの交易商人のキャラバン隊が日中を避け、夜に移動したのはその理由もあります。

彼らの座標となるのが、北極星であり、北斗七星であり月だったのです。それは海路でも同じで、正式な羅針盤がまだない時代は、星や月が大切な道標《みちしるべ》だったのですね。

❖——月・星信仰

太子は基本的な信仰は太陽信仰ではなく、星や月を信仰する月星の信仰だったと考えられます。だからといって太陽信仰を無下《むげ》にしたのではありません。

神社に参りますと、拝殿や本殿に目を奪われますが、必ず小さなお社《やしろ》があります。そのお社こそ、隠された場所ともいうべき、とても大切な意味を持っていることがあります。

私の両親の出身地、岐阜県関市洞戸高賀には、霊亀年中（710年頃）に建立されたといわれる「高賀《こうか》神社」がありますが、その本殿の右後ろ、鬼門方向に小さなお社があります。そのお社の鰹木《かつおぎ》と千木《ちぎ》を支える基本板には、月、星、太陽の紋章がくり抜かれています。高賀神社の三社紋とは別にあるのです。それを三神（チェルシン）といい、人間が生きる基本になる天体を神と崇め、それぞれに系統する部族、月族、星族、太陽族が存在したと考察しています。またこの地域には面白い伝説があります。頭は猿、体は虎、尻尾は蛇の形をした身の丈

3メートルはあろうかという恐ろしい妖魔「鵺」（ぬえ・夜鳥）」です。

私もこの地で修行していた時、幾度となく奇妙な甲高い獣の鳴き声を聞きました。

さて鵺の伝説は『古事記』『万葉集』にもありますが、最も有名な『平家物語』では「不思議な声で鳴く得体の知れないもの」であるといわれています。

月星太陽の三神と猿虎蛇の妖魔は、ともに縄文人の名残か、初期に渡来した弥生の民たちではないかと考えます。

❖――東アジアと四聖獣《しせいじゅう》

太陽が陽とした男神を表す象徴であるならば、月や星は陰とした女神の象徴でもあったのです。

推古天皇は太陽のようにあまねく照らす父親のような男神でもあり、月や星のように優しく照らす慈愛に満ちた母親のような女神でもあったのでしょう。

しかしそれだけの理由ではありません。

太子にはもっと深い思想があったのです。

それは日本列島が「青龍《せいりゅう》」つまり「龍の国」であることに由来します。

日本を含む古代の東アジアには、「四神相応《しじんそうおう》」あるいは「四地相応《しちそうおう》」の思想がありました。本来は中華（中国の一部地域）を含めた「五神相応《ごしんそうおう》」だともいわれていますが、現在の中国（中華人民共和国）では、政治思想から排除されています。

この四神相応の思想ですが、古来中国から伝わった風水の一種で、〝陰陽五行《いんようごぎょう》〟の理論を取り入れた正式な学問でした。

特徴なのは、主の四方（東西南北）を、それぞれ四神獣（四聖獣）が護っている、宗教と渾然一体となった独自の思想体系にあります。

四神については中国の天文学により、天空の四方に見える主な28個の星を28宿と名づけ、その星々をつないで見える生物に、神獣（四神）の名前をつけています。

東の夜空に見える神獣を青龍《せいりゅう》、南の夜空に見える神獣を朱雀《すじゃく》、西の夜空に見える神獣を白《びゃっ》虎《こ》、北の夜空に見える神獣を玄武《げんぶ》と名づけました。

なお、この四神のすべてを結ぶ中央に「黄竜《おうりゅう》」または麒麟《きりん》を加えた「五神」（五霊）がありましたが、源である中国には残らず、その五神相応の思想は日本に受け継がれています。

❖――受け継がれた五神相応の形

日本では「地勢」（地形の意）を重んじるために「地相」を大事にしてきました。そのため五神相応の思想は都《みやこ》や都市を造営する時に非常に大切になってきます。

有名な地相では、794年（延暦13年）に桓武天皇が長岡京から、「四神相応の地」として平安京へ遷都《せんと》しています。

四神相応の地に最適とされているのは、東に清き流れがある「青龍・蒼龍」の地。南には広く開けた湿地帯がある「朱雀」の地。西に大きな道が遥かに続く「白虎」の地。北には気高くそびえる山々がある「玄武」の地といわれています。

平安京では「蒼龍」が賀茂川にあたり、「朱雀」は巨椋池《おぐらいけ》、「白虎」が山陰道（又は山陽）、「玄武」は舟岡山とされています。

さらに平安の京《みやこ》を神々が守護する考えにもとづいて、現在の京都市東区に八坂神社が、南の伏見区に城南宮が、西京区に松尾大社が、北区に上賀茂神社が造られ、そして中心の左京区に平安神宮が配置されています。

余談ですが四神相応で都造りをしたのは京都だけではありません。かの徳川家康も江戸の町を「四神相応」にもとづいて造らせたといわれます。

江戸城を築城したのは室町時代の武将太田道灌《おおたどうかん》でしたが、家康は江戸城再築城や江戸八百八町《はっぴゃくやちょう》の開発に、南光坊天海大僧正の助言を得ていたといわれます。天海は江戸の邪気を払うために、京の都（平安京）と同じように、大掛かりな結界【*2】を張っていきます。

そうして配置されたのが、東を守護する青龍が宿るといわれる川に隅田川、南を守護する朱雀が宿るといわれる平野（海）に江戸湊（東京湾）、西を守護する白虎が宿るといわれる大道に東海道、北を守護する玄武が宿るといわれる山に神田山（麴町・駿河台）を配置。さらに鬼門（北東）の上野に寛永寺、裏鬼門の芝には増上寺を配置していきます。

ちなみに大相撲の土俵上にある吊り屋根の四つに色分けされた房は、もともとは方屋《かたや》の屋根を支えた四柱の名残であり、四神を表しているともいわれています。
また、ちらし寿司などは、四色（東に青、南に赤、西に白、北に黒）の具材は四神を表し、五色（中央に黄）の具材では宇宙を表現しているともいわれています。

古代において四神相応の神獣を石室内に配図したのは、高松塚古墳とキトラ古墳の二つの小さな円墳のみです。ここに私なりの面白い仮説を述べたいと思います。一般的に神獣の向きは向かって左、つまり西側を向いているのが普通なのですが、なぜかキトラの神獣は皆、右向きの東を向いているのです。

学芸員の方に直接聞きますと、死者は右周りで昇天しやがて天星となる「蘇《よみがえ》り」でもあるのではないかと言われます。またキトラの名前の由来をたずねますと、この地域が北浦《きたうら》だから、それが訛《なま》ってキトラになった説、あるいは盗掘の際の穴から石室を覗いたら、玄武の亀（キ）と白虎（トラ）が見えたので、キトラとなった説の二つがあると言われましたが、キトラとはもともとが古代朝鮮語からなる言葉だと、北朝鮮の高僧からうかがいました。キトラとは「反対」を意味すると。そうなると「蘇り」ではなく永遠の「封印」の意味ではないだろうかと考えられるのです。キトラは地名からなるのではなく、キトラがそのままあて字の北浦になったと考察します。

高松塚に眠る者も、キトラに眠る者も、いったい誰なのかがはっきりしておりません。しかし時の権利者にとって不都合な人物であった可能性は大なのではないでしょうか。

❖――五節句の本当の意味

日本には「二十四節気《にじゅうよんせっき》」【＊3】や「五節句《ごせっく》」「雑節《ざっせつ》」【＊4】などの暦日《れきじつ》があります。

中でも五節句は、5つの厄祓いといわれ、豊作や無病息災などを願って御供《ごくう》をし邪気を払う行事のことをいいます。

現在の五節句は、1月7日の人日《じんじつ》、3月3日の上巳《じょうし》、5月5日の端午《たんご》、7月7日の七夕《たなばた》、9月9日の重陽《ちょうよう》です。その五節句の日ですが、1月7日（1日の元日は別格とされる）を除いて、すべて同じ奇数が重なるゾロ目日です。しかし、1月の正式な節句が1日の、1月1日であることを知る人はいません。

私は「漢波羅衆《かんばらしゅう》」の一人ですが、漢波羅衆の行う修法《しゅほう》名を「迦波羅《かばら》」といい、祈禱日は必ず奇数日で行います。

ちなみに、迦波羅の祈禱は、「賀茂神社」でも行われているのではないか？　などと、まことしやかに伝わっております。

「陰陽道」【*5】を司る「陰陽師【*6】」は、大和朝廷の国家機関「陰陽寮《おんみょうりょう》」の正式な役人でした。陰陽寮は現代でいうところの省庁にあたります。

仮に彼ら（陰陽師）を「表」というのであれば、漢波羅衆は、「裏」とでも申しましょうか、そもそもそれ自体が存在しないことになっています。しかし漢波羅衆は確実に陸続として存在しています。私は高野山の高僧である「聖《ひじり》」を師と仰ぎ、聖より迦波羅の修法を直伝されております。

この章ではあえて漢波羅衆や迦波羅については言及いたしませんが、迦波羅のもとは「聖徳太子」だとされています。漢波羅衆とは、ペルシャ教を素地とする「アサシン」【*7】でもあります。

さて、迦波羅の修法で基本となるのが、「逆陰陽」です。

陰陽道においては「陽」を「男」と表しますが、迦波羅では「陽」は「女」を表します。

よって、ゾロ目の陽数日は、大事な「女」の祝い日となります。女は子を宿し産みます。自然の恵は「母なる大地」ともいわれるように万物のはじめです。ですから迦波羅では奇数日のゾロ目に修法を〝かける〟のです。宮中では女の子が健やかに成長するように……と。つまり、日本では男より女を大切にしてきた陰の歴史があるのです。

陽「奇数」＋陽「奇数」は陰「偶数」となります。つまり奇数である女性が偶数である男性を生みだすのです。


五節句の最後を飾るのが「重陽の節句」です。

迦波羅において、一年の行事の中で「重陽の節句」ほど大切なものはありません。一桁の最高数である「9」は「極数」といわれ、それが2つ重なるぞろ目は「陽の最大極数」となり、「最高の徳を表す」ともいわれます。

また「9・9」は「くく」とも呼ばれ、「菊籬媛《くくりひめ》」を表しています。思い出してください。

菊籬媛はあの、イザナキとイザナミの仲裁をした神でした。

「9・9」にちなんでいうならば、中国には、「六六変じて九九鱗《くくりん》となる」という諺《ことわざ》があります。

「九九鱗」は龍のことで、「鯉が変じて龍となる」ともいわれます。

鯉の鱗が36枚であるのに対して、龍は鱗が81枚あるとされており、9×9＝81で「九九鱗」となります。ここにも「9・9」が出てきます。

「九」の字源は龍が体を折り曲げた形という説もあるそうです。

聖徳太子は推古天皇に、存在そのものは母なる女帝となるも、その立ち位置に関しては、あくまでも中性的な役割を担わせようとしたのではないでしょうか。

❖――日本列島は「青龍」の国

話を先の四神相応の神獣の話に戻しますが、もともとの思想は、4つの国々や民族を神獣が護るというものでした。

それを当時の7世紀から8世紀の国にあてますと、

西の白虎は「白」の国を表し、白頭山（ペクトサン）の民族、高句麗《こうくり》（コクリョ）になります。

南の朱雀は「赤」の国を表し、朝日の国、新羅《しらぎ》（シルラ）になります。

北の玄武は「黒」の国を表し、漢民族を除く北方系のスキタイ民族になります。

そして東の青龍は「青」の国を表し、龍の国、大和民族になります。

ここで興味深いのは、今ではいわれない中央の五神獣「麒麟《きりん》」と「黄竜《おうりゅう》」です。

言語学者の島田勇雄氏によれば、麒麟は龍と馬が混ざったようなイメージもありますが、実際には龍と牛が交わってできたのが麒麟であり、龍と馬から生まれたものは龍馬《りゅうば》というそうです。

麒麟と龍馬の姿は似ているものの、麒麟は一本角、龍馬は二本角、麒麟は牛の蹄、龍馬は馬の蹄と、細かい部分での差があると言われています。

麒麟は仁徳の高さから孔子と関係があるともされており、孔子の誕生前に母親のもとに麒麟がやってきたとも言われるようです。

また黄竜は、皇帝の権威を象徴する竜とされ、後に麒麟と置きかえられ同一視されるようになりました。

麒麟はインドベンガル地域（現バングラデシュ）の伝説の動物が中国『瑞応麒麟図』【＊8】に伝わったものです。

麒麟の漢字の部首に注目していただくと、麒も麟も偏が「鹿」の字になっていますね。前章でも記しましたように、「鹿」は陸に上がった「龍」なのです。つまり、「麒麟・黄竜」は中央を守護する神獣で、東を護る青龍と同じ意味を含んでいる聖獣になり、日本は東を守護する青龍によって護られていますが、地球的規模で見た場合、「麒麟・黄竜」が守護する中央は、日本列島だといえなくもないと考察します。

青龍は日本列島のみならず、日本列島に住するすべての民族も守護する聖獣なのですが、麒麟や黄竜も日本だと考えるならば、日本國ならびに日本人こそが、世界恒久平和の先達になるべく「国体」であると考えます。

❖——なぜ日本が「龍」の国なのか

「龍」については第Ⅲ部でも述べましたが、日本列島の形はまさに「龍体」になっています。日本が青龍だといわれるのもうなずけます。

本来霊獣に雌雄はないのですが、しいていうならば龍は女性格を持ちえた「雌」だと考えられます。

ちなみに「タツノオトシゴ」は雄が出産する唯一の動物だということをご存じでしたか。雄の腹部には育児嚢《いくじのう》という袋があり、ここに雌が卵を産みつけます。そして雄は育児嚢の中で受精するそうです。1か月ほどで卵がかえりますが、しばらく育児嚢の中で稚魚を保護し育てるといいます。孵化した稚魚は雄が「出産」します。いわゆる代理出産を雄がするのです。育児嚢は人間でいえばちょうどお臍《へそ》の下あたりになります。そのお臍あたりから稚魚が出てきます。

日本列島を龍体と見なした場合、臍にあたる場所は、淡路島や鳴門海峡になります。

いかがでしょうか。日本はタツノオトシゴであり「龍」ですね。雄が雌と化す！　つまり龍は雄も雌の役目を担うのです。

蛇足ですが、古代の人は、虹のことを「虹蜺《こうげい》」と呼んでいたそうです。これは、虹そのもののことを龍だと信じていた時代があったようで、内側の濃い色の主虹が雄を表し、外側の配色が逆になっている副虹が蜺で雌を表し、虹の雄と蜺の雌が交じりあったのが虹で、いわゆる龍だとされていたのです。

ちなみに映画『ネバーエンディング・ストーリー』【＊9】に出てくるファルコンは幸運の龍（ドラゴン）です。

龍神は神の遣いです。命を育む雨を降らせます。

「雨乞いの儀式」は巫女であるシャーマン【＊10】が古代より担ってきました。ですから龍は女性の化身でもあると思えるのです。

人間社会の中で、男が中心に営んできた環境は、権力が物を言わせてきました。男は権力を行使するために武力をもって統治します。時には我が子にさえ刃を向けるのが男のエゴです。しかし女性は違います。子を宿し命掛けで出産します。父性と違う母性が女にはあり、母性は母情にもつながります。我が子のためには命も惜しまないのが女なのです。その母性は子を宿さない女性にもあります。我が子同然に、他の子どもにも慈しみと情愛をかけられるのが女なのです。どのような子でも受け入れ育てることができるのです。

「青龍の国、日本」はまさに母なる国だといっても過言ではありません。

聖徳太子はそれを知っていたがゆえに、日本で最初の女帝である推古天皇を帝《みかど》とし、なおかつ、彼女を太陽の化身であり、神が受肉した女性「天照大御神《あまてらすおおみかみ》」としたのです。

＊1【受肉】キリスト教で、三位一体である神の子（ロゴス・ことば）が人間イエス（肉）として生まれたこと。託身。

＊2【結界】仏教で一定の場所を決定し、聖なる目的のために利用すること。界を結するの意。
＊3【二十四節気】太陽年を太陽の黄経に従って24等分して、季節を示すのに用いる語。
＊4【雑節】二十四節気以外の節分・八十八夜・入梅・半夏生・二百十日・土用・彼岸・社日など。
＊5【陰陽道】古代中国の陰陽五行説にもとづいて天文、暦数、卜筮《ぼくぜい》、卜地《ぼくち》などを扱う方術。
＊6【陰陽師】陰陽寮に属し、陰陽道に関することを司る職員。中世以降、民間にあって加持祈祷を行う者の名称。平安中期以後、賀茂、安倍の両氏が分掌。
＊7【アサシン】イスラーム原理主義を守護する、選りすぐられた隠密者。
＊8【瑞応麒麟図】中国明代の永楽12年（1414年）に描かれた絵画。1405年に始まった鄭和《ていわ》の航海をきっかけに、インド東部のベンガル地方から贈られてきた、当時未知の生物（キリン）を写生したもの。
＊9【ネバーエンディング・ストーリー】1984年のドイツ、アメリカ合衆国のファンタジー映画。ミヒャエル・エンデの小説「はてしない物語」の映画化作品。
＊10【シャーマン】自らをトランス状態（忘我、恍惚）に導き、神、精霊、死者の霊などと直接に交渉し、その力を借りて宣託《せんたく》、予言、治病などを行う宗教的職能者。シベリアのツングース系諸族の例が早くから注目された。

第24章 十七条憲法について(Ⅰ)

❖――第一条

和を以って貴しと為し忤《さから》ふことなきを宗と為す……。

聖徳太子といえば、誰もが十七条憲法を思い浮かべることでしょう。

「和」による対立融和を説く

「十七条憲法」は、604年(推古天皇12年)、聖徳太子によって制定された、最初の成文憲法【*1】だといわれます。

『日本書紀』には、31歳の太子が自ら起草した「皇太子親《みずか》ら肇《はじ》めて憲法十七条憲法を作りたもう」と記されています。

原文は四六文《しろくぶん》（4文字と6文字を基本とする中国古代の美文）形式の漢文とのことですが、太子の人柄を如実に表した諄々《じゅんじゅん》と「和の精神」を諭す内容が特徴です。

中でも、第一条と第二条は太子の「誓願」ともいうべき内容です。


一曰。以和爲貴。無忤爲宗。人皆有黨。亦少達者。是以或不順君父。乍違于隣里。然上和下睦。諧於論事。則事理自通。何事不成。

（十七条憲法第一条）

「やわらぎをもってたうとしとなしさからふことなきをむねとなす……和訳以下省略」


この第一条の条項はさまざまな解釈がされていますが、共通していえることは「仲良くしなさい」という非常にシンプルなのですが、しかし本来はとても意味深くまた、太子ならではの壮大な解釈がそこにあるのです。

❖――日本は単一民族ではない稀《まれ》にみる多民族

日本史の歴史教科書は、旧石器時代を数行言及した後、縄文時代から早々と弥生時代になり、古墳時代、飛鳥時代、奈良時代、平安時代……と経ていきます。その大前提として、日本列島が半島や大陸から孤立した状態であったため、列島の民族は単一言語の単一民族であり、そして単一国家を形成し、半島や大陸から文物を取捨選択しながら、独自の文化を構築し発展させ、今日の日本に至るとされています。

ところが真実は、日本が単一民族だったということなど一度もないのです。

近年の研究を待たずとも、日本が単一民族や単一言語の国というのは、幻想にすぎないことが知られていました。

『魏志倭人伝《ぎしわじんでん》』には、邪馬台国《やまたいこく》とは別の「東倭《とうわ》」という国が日本列島にあったことを明示しています。

また「東倭の重訳」【＊2】という言葉もあるように、東日本と西日本の言語はまったく異なっていました。

『旧唐書《くとうじょ》（舊唐書）』【＊3】には、「日本国は倭国《わこく》の別種」と記されているように、古代の日本列島には、「日本」と「倭国」が個別の国として同時に存在していたのです。

実に『魏志倭人伝』でも、倭国の女王と倭王《わおう》を区別していたとすると、243年に使者を送った倭王を「卑弥呼《ひみこ》」とするのはいかがなものか？

当時、中国の文献が「倭《やまと》」と呼んだのは、北九州にあった王国であり、同時に出雲《いずも》や吉備《きび》などの、現在の山陽山陰地方にも、強力な国家が存在していたのです。

大和地域（現近畿地方）の大和王権国家が、倭の中心的勢力となってくるのは欽明《きんめい》天皇以降なのです。

このように、古代日本に関する認識には、大きく歪曲されていることが少なくないと考えられます。

＊1【成文憲法】文章として書き表された成文として存在している憲法。
＊2【東倭の重訳】複数の言語を重ねた言葉を通訳する意。それを文章にしたのが吏読《りと》。
＊3【旧唐書「舊唐書」】中国五代十国時代の後晋出帝の時に編纂された歴史書。二十四史の一つ。唐の成立（618年）から滅亡まで（907年）について書かれている。

第25章 十七条憲法について(Ⅱ)

❖——第二条

篤く三宝を敬え。三宝とは仏《ほとけ》、法《のり》、僧《ほうし》である。則ち一切の生類の行き着くところであり、すべての国の究極的の教えである。

十七条憲法の第二条は、文面から素直に読むに、限りなく仏教体制を尊重し、それを遵守する旨を書かれているように錯覚しますが、巷間《こうかん》に言われるように、仏教を国教として表現したものではないのです。

太子は確かに仏教を招来しました。しかしその仏教とは、現在私たちが認識する仏教とは大きくかけ離れています。その理由は後ほど説明いたします。

第二条が基本仏教を規範として書かれているのは事実ですが、その裏には太子の思想や宗教観があるのです。それは表の「仏・法・僧」に対して、隠された裏の「儒・仏・仙」とでも申しましょうか。

❖――「儒・仏・仙」の儒教

十七条憲法の基盤にあるのは仏教ではなく、儒教なのです。儒教の創始者である孔子《こうし》と、釈迦の生誕差は、おおよそ百年ほど孔子が遅く、当時儒教は最新の思想でした。

日本へ儒教が伝わったのは仏教よりもはやく、継体天皇《けいたい》の時代の513年、百済より中国の官職五経博士《ごきょう》が渡日して以降のことだといわれていますが、『古事記』の伝承には、王仁《わに》【*1】が『論語』を持って渡来したともいわれています。

太子は儒教を学問（儒学）として、国家統治の経世済民思想や帝王学として受容したのです。そのために、『論語』【＊2】と『礼記』【＊3】を軸に、法家（韓非子《かんぴし》）【＊4】や老子【＊5】・荘子の道教などの諸子百家《しょしひゃっか》の思想等も取り入れながら、太子の冀望《きぼう》する日本国家形成のための、日本的な思想が生まれたのです。

十七条憲法の文章中には、中国の『文選《もんせん》』【＊6】や『春秋左氏伝《しゅんじゅうさしでん》』などが随所に引用されていることからも、儒教の思想が規範となっていることは確かでしょう。

十七条憲法は昨今多くの知識・研究者が指摘するように、国家体制維持に効率のよい憲法だなどといわれていますが、私見でいうならば、第一条が儒教思想で、第二条が仏教思想だというような単純かつ包括的思想ではないのです。

最極東から東アジアや中央アジア、さらには西アジアを見た、壮大な国家建設を目指していたものと私は考えます。

❖――仏教はインドにあらず

太子が仏教に着目した理由は、仏教が中国大陸や朝鮮半島で国教とされていたからではありません。

本来仏教はインドの宗教ではなく、西アジアや中央アジアの宗教だったのです。

釈迦の生誕地は現ネパール連邦民主共和国です。しかし、当時はインド亜大陸の北部北インド地方であり、現インド共和国と一区切りで言ってしまうのですが、一部は中央部に南下します。そして、主流は西アジアへ伝播していきます。

❖――高句麗と聖徳太子

570年、高句麗人が来倭するとまもなく欽明朝が終わり、敏達《びだつ》天皇（在位572〜585年）が即位しますが、ここに高句麗の政治介入があったと考えられます。

その理由は、敏達天皇の和風諡号《しごう》は、渟中倉太珠敷尊《ぬなくらのふとたましきのみこと》といい、「渟中《ぬな》」が高句麗を意味します。そして敏達が即位すると早々に、高句麗から暗号で書かれた機密文書が届きます。『三国史記「高句麗本紀」』によると、烏《からす》の羽に墨で文字が書かれていたそうです。当時、烏は高句麗では国鳥として崇められた神聖な鳥でした。

彼ら民族の御旗は「三本足の金烏」すなわち烏でした。私はその拓本を持っています。

聖徳太子の父親である用明《ようめい》天皇は、即位する前の名前を橘豊日《たちばなのとよひ》と名乗っており、「橘」は高句麗を暗示する名前でもあります。

高句麗民族の御旗
「三本足の金烏」の拓本

太子の生まれたといわれる５７３年にも、高句麗人が日本海（朝鮮では東海）を横断し、「越《こし》」現在の新潟県に入ってきています。古代でも現代でも、日本国に一番近い国は、朝鮮民主主義人民共和国（旧高句麗）で、そして日本の表玄関は新潟県なのです。

列島の東国では、伝統的に日本海を横断して渡来する半島や大陸の影響が強かったのです。

❖――慧慈《えじ》(恵慈)来日

7世紀、高句麗と海峡を挟んだ倭国では、正史では記されることのない、有力豪族と地方政権を交えた覇権争いの極みとなっていました。太子は新たな宗教として、推古朝初期の595年に、高句麗の高僧慧慈《えじ》(恵慈)を招来します。それにより大和王権国家の中でも最大勢力であった蘇我氏は、高句麗と密接な関係を結び、積極的な交渉をしていきます。

この頃の大和王権では、推古天皇の新羅派と、蘇我氏の百済派、そして太子は新たに高句麗の外交を押しすすめるのでした。

国をあげての仏教の導入は、鎮護国家と現世利益をもたらす力と技術であり、人心を統合する理想でもありました。

618年(推古26年)の11月、太子47歳の時、自身の前世が南獄慧思《なんがくえし》大師【*7】だということを、最も寵愛する妃の膳大郎女に告げています。そして前世で果たすことのできなかった仏国土の再構築を今世で成し遂げると。故に太子は仏教を積極的に導入し、その実践を行ったのです。

西突厥《にしとっけつ》（せいとつけつ）出身の太子自身はゾロアスター教（拝火教）を信奉しつつ、百済から仏教を導入し、さらに高句麗より慧慈を招来し仏教の普及に努めています。

太子が高句麗の仏教を導入した理由には、太子の生誕に関わっています。

一般的に仏教の発祥地はと尋ねますと、おおかたはインドと答えますが、それは間違いです。第Ⅳ部の「釈迦について」でも述べましたが、そもそも釈迦の生まれた国はインドではなくネパールなのです。仏教は釈迦生誕のネパールから南インドに広まっていくのですが、同時に北インドを経て西アジアにも広がりをみせていきます。仏教僧侶や仏教学者は、仏教の根幹にはバラモン教（現ヒンドゥ教）があるとしていますが、インド固有の宗教と、釈迦の説く仏教とはまったく違うのです。北インドから北西アジアに入っていった仏教が、もう一度インド大陸全域に入っていきます。そして聖域（西アジア）に入った仏教はガラリと様相を変えてしまいます。

原始仏教は元来、西アジア的なものでした。紀元前6世紀のペルシャのダリウス大王が西アジアを支配すると、ゾロアスター教を国教としたため、原始仏教は迫害を受けます。そのため、原始仏教徒は東方に逃れ、一部は西方からインドに伝播し定着しますが、本体は西アジアに流れていきました。

仏教美術の宝庫といわれるガンダーラ（今日のアフガニスタン東部からパキスタン北部にまたがる地域）は、バクトリア【＊8】などギリシャ人の植民地があったために、きわめて地中海風の美術になっており、仏さまの御尊顔はインド的なアーリア人の顔貌ではありません。

阿弥陀（アミターバ）や観音、そして弥勒の起源はインドではなく、西方であることは以前から指摘されてきました。観音は仏教のホトケとしてなんの抵抗もなく受け入れられています。「阿弥陀」とは「無限の光」、「観音」とは「光輝を放つ者」という意味の古代ペルシャ語の音訳です。

光輝を放つのは古代ペルシャのアナーヒター女神の特徴で、阿弥陀と観音もこの女神との共通点が多く、その姿は本来ゾロアスター教の神ではないかとさえいわれています。

アナーヒターの起源はペルシャの太陽神ミトラ（ミスラ）にあると考えられ、光と真理の神であるゾロアスター教と仏教が融合したかたちで、中央アジアの民族によって、日本列島にもたらされたのです。

東大寺の二月堂で行われる「お水取り」は、修二会《しゅにえ》（正式には十一面悔過法要《けかほうよう》）の中の一行事で、3月12日深夜に閼伽井屋《あかいや》にお水を汲みにいきます。この閼伽井水は「お香水《こうずい》」といわれ、福井県若狭の鵜の瀬から10日間かけて奈良東大寺二月堂「若狭井」に届くといわれています。お香水を御仏に御供えし堂内を浄めてから、練行衆《れんぎょうしゅう》が達陀《だったん》の行法をし、その後練行衆が火天《かてん》や水天《すいてん》に扮し二月堂内の暗闇の中で松明を燃やして行われる行法です。

若狭彦神社のご祭神の「遠敷明神《おにゅうみょうじん》」とは、実はアナーヒター女神の音訳で、「北方から正月の水が2本、地下を流れる」という閼伽水「お香水」の設定は、ペルシャのカナート（地下水路）を表現したもので、「お水取り」とは、アナーヒター女神に水を御供えする行事なのです。

東大寺のお水取りとは火と水の祭典。現在でもゾロアスター教の神典が脈々と連なっているのです。

❖――仙道とは

儒・仏・仙、最後の仙とは、「仙道」のことですが、仙道というと神仙思想や仙人をイメージしますが、太子の発願する「仙」とは、「すべての宗教を寛容に受け入れる」ことを意味します。

実はこれこそ聖徳太子の宗教に関する真骨頂なのです。

列島には先に、縄文人が東（北）から西（南）に多様な文化を構築しながら居住していました。

彼らは独特の磐座《いわくら》【＊9】の信仰を持っていました。そのような自然の造形を崇拝することを宗教学ではアニミズム【＊10】といいます。

縄文人の特徴の一つとして、航海術に長けていたことはあまり知られていません。古代ポリネシア人は、北は東アジアから日本列島に、東はハワイ諸島からイースター諸島、西はインド洋のマダガスカル島に至るまで、地球の円周の4分の3にもおよぶ、膨大な海域を航海していたのです。羅針盤もない時代に何故このような航海ができたのか？　それは絶えず星を見ていたからです。

太平洋の沿岸部に居住する彼らは、ポリネシアやミクロネシアの島々や、日本列島を北上し、エスキモー（イヌイット）となり、北アメリカ大陸のネイティヴアメリカン（インディアン）や南アメリカ大陸のインディオになっていくのです。

ちなみにイースター島は絶海の孤島ですが、イースターとはキリスト教の復活祭のことです。卵と深く関係するこの祭りは、古代ペルシャの鶏に連なり、イースターの語源は古代メソポタミアでは、「光と春の女神」イナンナ（バビロニアではイシュタル、ペルシャではアナーヒター）になるのです。その先にあるのは、やはりシュメールとなります。

その後日本列島には陸路や海路を経由して、多民族が来倭してきます。彼らはそれぞれのイデオロギーや宗教をも持ってきました。中でも太子は、それぞれの民族が大切にしてきた宗教を受け入れたのです。

太子の側近である秦河勝《はたのかわかつ》の一族である大津父《おおつち》は、キリスト教の一派ネストリウス派の信仰を持ち、河勝は京都太秦《うずまさ》に拠点を構えました。先に述べました広隆寺は、もとは大秦寺《だいしんじ》という景教《けいきょう》寺院でした。

そこで不明な点が多く、ここで記することはいささかはばかられるのですが、死海湖畔に欲を厭《いと》い、穢《けが》れを断ち、信仰による共同生活をしていたユダヤ教のエッセネ派と称する原始キリスト教徒たちがいましたが、後に原始仏教の生活観や思想観で合体します。彼らの思想はやがて終末の熾烈《しれつ》な預言（『ヨハネの黙示録』や『法滅尽経』『月蔵経』後に述べる聖徳太子の『未然記』『未来記』もそのような中から出てきたと考察します）へと展開しながら、東へ東へと移動を繰り返し倭国へ到着します。

太子がすべての宗教に寛容であった理由は、西アジアには多様な宗教が渾然一体となるも、その根源には古代ペルシャの宗教や、さらにはシュメールの宗教が素地となり、太子の宗教思想は西アジアの宗教を、新しい国、日本の拠り所とさせたかったのでしょう。

＊1【王仁】古代、百済からの渡来人。漢の高祖の末裔で、応神天皇の時に来朝し、論語をもたらし

たという。

＊2【論語】四書の一つ。孔子の言行や、弟子たちとの問答を収録した書。漢代に集大成。

＊3【礼記】周から漢にかけて儒学者がまとめた礼に関する書物を戴聖《たいせい》が編纂したもの。全49篇。唐代以降、五経の一つとして尊重された。

＊4【法家】法律に関する学問を伝える家。また、その家の人。

＊5【老子】道家の祖。姓は李。中国、春秋時代の人物とされる。周の守蔵室（図書館）の書記官。

＊6【文選】中国の周から梁《りょう》にいた約千年間の詩文集。正統文学の優れたものを集大成した書。日本では平安時代に盛行。

＊7【南獄慧思大師】中国天台宗の第2祖。中国仏教で末法の自覚をはじめて唱えた。南岳大師。

＊8【バクトリア】中央アジアのアム河中流域のバルフを中心とした地域の古名。前6世紀の古代ペルシャの碑文に初見。前120年代にトハラ人によって滅ぼされた。

＊9【磐座】磐は堅固の意。神の鎮座するところ。もしくは山中の大岩や崖。

＊10【アニミズム】呪術、宗教の原初的形態の一つ。自然界のあらゆる事物は、具体的な形象を持つと同時に、それぞれ固有の霊魂や精霊などの霊的存在を有するとし、諸現象はその意思や働きによるものとみなす信仰。

第26章 縄文時代という唯一の遺産

❖——誤解された縄文時代

日本という国を知る上で避けることができないのが「縄文時代」です。

一般に縄文時代は、今から1万3千年くらい前から2千3百年くらい前にさかのぼり、おおよそ1万年間続いた時代だとアカデミズムではいわれているようですが、近年の研究では、1万5千年から2万年ほど続いたとの説が出てきています。

まずはなぜ、それほどまでに長く続くことができたのでしょうか。

世界の四大文明といわれるメソポタミア文明、エジプト文明、インダス文明、黄河中国文明でさえ、たかだか3千年間から7千年間だといわれています。

縄文時代の日本列島では、すでに北方アジアと大陸文化との交流があったことを示す痕跡がいくつもあります。また西アジアのスキタイ文化の影響も無視はできません。

日本列島が縄文時代だった頃の、紀元前数千年のユーラシア大陸には大帝国の興亡がありました。

また、この時代は、地球が今より温暖で、日本海やオホーツク海ははるかに航海しやすかったのです。

最終氷期の終了とともに、地球規模で平均気温が10度近く上昇し、世界各地で氷河や氷床が融解して大洪水が発生していました。その間氷期も半ばを過ぎた紀元前5千年頃には、ユーラシアの内陸には、広大な草原地帯が広がっていきました。

縄文人は「海人《あまびと》」で、日本海や太平洋沿岸部に住居を構えていました。彼らの基本的な主食は「海獣《かいじゅう》」、つまり海に生息する鯨、海豚《イルカ》、海豹《アザラシ》、オットセイなどの哺乳類でした。

縄文人は小舟を使い、島から島へ移動しながら漁をしたり、住居を変えていきました。紀元前の日本列島日本海沿岸には、数多くの通称「渡島《わたりしま》」と呼ばれる小島が点在していました。当時、特に新潟県佐渡島周辺には、いくつもの渡島が存在していました。佐渡島観光の名物の一つに「たらい舟」がありますが、古代の名残りではないかと思うのです。

縄文文化の起源も単一ではありません。民俗学的に区分される、沖縄県を中心とする尖閣《せんかく》諸島の「熊襲《くまそ》」、宮崎県、鹿児島県の「隼人《はやと》」、和歌山県や三重県の紀州地域の「土蜘蛛《つちぐも》」、島根県や鳥取県の出雲地方の「オロチ」、関東から東北にかけての「蝦夷《えみし》」などは同じ海洋民族ではあるものの、そのルーツも異なることがわかってきました。

❖――新日本人のルーツ「アイヌ」

「アイヌ新法」【*1】が制定される以前、「北海道旧土人保護法」【*2】の廃止（1997年）にともない、私は当時懇意にしていた北海道ウタリ協会（現北海道アイヌ協会）理事長（十勝在住）から、アイヌについてのさまざまな話を聞き、また故アイヌ人の供養も依頼されました。

これはその時の話です。

北海道の「アイヌ」【*3】民族の先祖は、もともと土着の民ではなく、現在のロシアのアムール川流域から列島に南下し、道内のさまざまな地域に分散していき、アイヌ語でコロポックル（竪穴に住む人）といわれ、竪穴に住んでコタンといわれる村をいくつもつくり、そこの部族長といわれる男首《おさ》を中心に猟が行われ、女たちで子どもを育て、シャーマンと呼ばれる老女が、豊漁豊作、吉凶を占ったとのことです。

アイヌウタリ協会理事長と著者

アイヌの文化はその後、日本列島のすべての縄文人に受け継がれていったというのです。

彼らのルーツは近年はっきりわかってきたのですが、ロシアのバイカル湖上流の「ブリアート人」だとのことです。

さて、日本人の起源の一説には、日本人は石器時代に北方から渡来して縄文人となり、縄文時代晩期に南方から弥生人になったという説があります。つまり、もともと北海道に暮らして

三内丸山遺跡

いた縄文人が、2万年前あたりまで地続きであったユーラシア大陸東端から、樺太（現サハリン）、北海道（函館市）から南下を経て、日本列島（青森県）に入り、さらなる独自の縄文文化を構築します。「三内丸山遺跡《さんないまるやま》」【＊4】はその痕跡で、小氷河期とともに、日本列島全域に拡散していきます。これが、縄文人の根幹になったとも考えられるのです。

北日本と南日本では系統的に異なっており、複雑な文化の組み合わせがあったようです。縄文は何千年も半島や大陸から孤立して、日本列島で独自の世界を築いていたのではなく、広範囲な陸路のネットワークを持っていました。

縄文人はまた、海路のネットワークにも長けていました。皆さんは「ケルプ・ハイウェイ」なる言葉をご存知でしょうか。

この「ケルプ・ハイウェイ」なる言葉は、オレゴン大学の考古学者ジョンM・アーランドソン氏の唱える仮説上の言葉ですが、島から島へと豊富な海の生物を狩りつつ、アメリカ大陸に渡り移住したという、海岸移民理論を提唱しています。

アーランドソン氏の仮説を具体的に説明するならば、ケルプ・ハイウェイというのは、昆布やワカメなどの海藻が密生し、魚や海生哺乳類が豊富な生態系が連なる海域のことで、おおよそ1万2千年前～9千年前の日本列島に住んでいた縄文人の海洋ルートに当たります。

「縄文草創期前半」から「縄文草創期後半」そして「縄文早期」の縄文人は、舟を操る海洋民でもありました。そうした彼らの集団の一部が、環太平洋沿岸地域を北上し、アメリカ大陸に渡ったのかもしれないと考えるのは、決して不自然な推論ではないのではないでしょうか。

ここに非常に興味深い発見がありました。

「2007年にメキシコで発見された巨大な水中洞窟からは、1万3000～1万2000年前の人骨が見つかり、顔面の復元やDNAの解析が行われた。その顔は現代のアメリカ先住民とはあまり似ていないが、遺伝子からは共通の祖先をもつことが判明。さらに2014年には別の骨からゲノム情報が解読され、最初のアメリカ人はアジアにルーツをもつことが確認された。」
（引用：ｗｅｂサイト『ナショナルジオグラフィック』日本版２０１５年１月号紹介記事）

アメリカ大陸へ渡った民族のルーツは、アジアにあるのではなかろうかと、近年の研究成果から長年考察されてきました。それが最新のＤＮＡの解析からも、このことを裏づけるデータが得られたのです。

彼ら縄文人の移動ルートとして有力視されているのは、研究者たちがケルプ・ハイウェイと呼ぶ「海の道」であり、日本列島や周辺のアジア沿岸州にいた海洋民が小舟を操り、海藻の森が育む海の幸を食料にしながら、未開の地へと移動移住したのです。

しかし縄文人のフロンティア精神には驚くばかりですが、彼らの遺伝子が、現在の日本人の遺伝子として、陸続として継承されているわけですから、日本人こそ「縄文人のもつ、調和と協調性なる精神」をさらに開花しなくてはならないと考えるのです。

❖——スキタイ国家とスキタイ人

紀元前1千年頃、中央アジアのステップ（草原地帯）に出現したスキタイ人【＊5】は史上初の騎馬民族でした。

スキタイ人はそれぞれがスキタイ国家を形成していきます。時代は異なりますが、匈奴《きょうど》、突《とっ》厥《けつ》、契丹《きったん》、女真《じょしん》、鮮卑《せんぴ》、などの民族のルーツは異なるものの、ステップを縦横無尽に駆け巡る騎馬民族であることは変わりません。

私もモンゴルに行きますと、馬で大地を走るのが楽しみでした。北の低い大地に輝く7つの星、北斗七星。遊牧民の目標。モンゴルで夜に見た光景です。

騎馬遊牧民族はその機動性により、尋常ではない早さで活動領域を広げていきました。匈奴をはじめ、その後の騎馬諸民族は、今日にロシアの沿岸州から、中国北部の乾燥地帯、中国東北部を股にかけ、西アジアはドナウ川までに至り、政治的にも経済的にも活発に活動していたのです。

著者がモンゴルを訪れた際の景色

3世紀の末頃から、歴代の中国王朝を打ち立ててきたのは漢民族ではないことが多く、北魏《ほくぎ》や秦王朝なども征服王朝国家でした。遊牧民の国家は興隆もはやいのですが、また没落も早かったと歴史が証明しています。

3世紀以降にかけては、騎馬遊牧民族の影響が、朝鮮半島や日本列島にも波及してきます。

日本の古代史の中で、幻の4世紀から5世紀といわれる時代こそ、騎馬遊牧民族から多大な影響を受けた時代だったのです。

6世紀になると、今度は匈奴系の騎馬民族、「突厥」が北アジアに勢力をのばしていきます。

突厥は、「日の出を拝み、天神を祭り、さらに狼を始祖」と考えるトーテムイズムを持っていました。

特定の動物を先祖あるいは神とする考え方は、多くの民族に見られますが、日本列島に渡来した「秦氏」も狼を祖とする中央アジア系の民族です。

北海道ウタリ協会の理事長が言っていましたが、日本語の「おおかみ」は「大神」で、後に「狼」となり、その語源も「偉大なカムイ（神）」だそうです。

古代高句麗には月・星を信仰する初期の「虎族」と、太陽（三本足の金烏）を信仰する後期「熊族」が存在したと聞きます。それは『檀君神話』からも垣間見ることができます。

また匈奴などは半島にまで進出して、初期の新羅に影響を与えました。北方騎馬民族が好んで用いたとされる、白い馬と三日月が描かれている「天馬図」【*6】が出土しています。

ちなみに三日月崇拝はイスラーム圏から西アジア固有の伝統で、イスラーム諸国の国旗の伝統となっています。それには理由があり、日中の灼熱の砂漠の大地を避け、夕方から夜にかけて移動するキャラバン【*7】にとって、月や星、とくに北極星は進路を定める陸路海路では命の道標となるからです。

中国は最終的には隋によって統一されますが、実は「秦の始皇帝」【*8】をはじめ、漢、隋、唐などの始祖は、遊牧民にルーツがあるといわれています。こうした人々が農耕民族を征服して成立したものと考えられます。

騎馬民族の日本列島渡来説については、また機会があれば述べたいと思っております。

❖——聖徳太子は西突厥のテクノクラート

歴史上匈奴は漢民族に敗れるものの、北の匈奴は西アジアや南アジアに移動していきました。ヨーロッパに移動した北匈奴は、「フン族」【*9】として登場します。

ちなみに匈奴の総人口は30万人といわれるも、部族連合の総人口は150万とも推定され、後に記します「九桓連合《きゅうかん》」の巨大な軍事力となりました。

その匈奴ですが、人種的には複合的な多民族で構成されて、単一の民族ではありませんでした。

その一派の「羯《けつ》」という、現イラン、アーリア系人種は「ゾロアスター教」を信奉していました。また別派の「鮮卑《せんぴ》」の男たちは黄鬚《おうしゅ》といわれるブロンドの鬚《ひげ》を伸ばしていました。

6世紀~7世紀はイスラームの勃興《ぼっこう》をはじめ、ユーラシア大陸で民族移動と社会変動が発生した時期でした。この時期に北匈奴から分離した突厥は、さらに582年には西と東に分裂します。中でも西突厥は、600年前半にほぼ中央アジアを支配します。その勢力は東はアルタイ山脈、南はタリム盆地・トハリスタン、西はカスピ海までおよびました。

❖――多くの論説者と2人の女性古代研究家

聖徳太子の人物像については多くの知識人が論説されています。
上垣外《かみがいと》憲一氏の小説、『陽炎《かぎろい》の飛鳥』（アートヴィレッジ）や、八木荘司氏の『古代からの伝言・日出づる国』（角川書店）、上原和《かず》氏の『斑鳩の白い道のうえに―聖徳太子論』（講談社）、梅原猛氏の『聖徳太子1』（集英社）、豊田有恒《とよたありつね》氏の『聖徳太子の悲劇』（祥伝社）、小林惠子《やすこ》氏の『興亡古代史』（文藝春秋）等。中でも同氏の『聖徳太子の正体』（文藝春秋）内で聖徳太子とは、突厥の王、達頭可汗《たっとうかがん》だと論じられています。大陸の古代史にあまり興味がなかった私は、当初はただ面白い内容だというくらいの認識しかありませんでしたが、縁あって、日本の古代史を研鑽していく上で、避けては通れない人物が聖徳太子ですから、太子を調べていくうちに、小林氏の突厥の達頭可汗を思い出しました。そして仏教の行事を兼ねて半島や大陸へ赴いた際に、半島や大陸の古代史を調べるようになると、造詣深い小林氏の論説が荒唐無稽の論説ではなく、研究に研究を重ねた結果の論文だったと思うに至ったのでした。

今回このような内容を書くにあたり、ネット内からの引用や参考文献の助けを借り、また多くの先達となる論者の方々の智慧を拝借させていただきました。さらには、私の尊敬する中丸薫氏が提唱される内外の古代史、『古代天皇家と日本正史』（徳間書店）は、未熟な私の歴史的指針となっております。そして小林氏の新説は、太子の実像に迫る時に、必要不可欠の視点を広げるのに大いに役立っています。

小説家、論説家の方々に敬意を表したいと思います。

❖――古代日本とペルシャササン朝と突厥との関係

大和王権国家は早くから、ペルシャや突厥、中でも西突厥とは交渉がありました。またペルシャ人や西域の突厥人も来倭していました。ペルシャ人の渡来については、ササン朝（ペルシャ）の興隆した西アジアでは、アレクサンドロス帝国の分裂後、ギリシア系のセレウコス朝、バクトリアが起こり、イラン系のパルティア【＊10】も起こりますが、東西貿易の利益を独占して繁栄したパルティアを倒して、成立した新イラン系のササン朝（226～651年）は、ゾロアスター教を国教と定め、イランの文化的伝統の復活を目指すとともに、インドやギリシア・ローマ文化の影響を受けながら、高度なオリエント文化を形成しました。しかし衰退とともに、ササン朝のペルシャ人たちは、さらに東へと大移動をしていきます。

列島にも多くのペルシャ人が渡来し、武士道や侍の基礎となりました。平清盛の平家や平氏のその多くがペルシャ人だったのです。

❖――ササン朝の文化と宗教

ササン朝は、国王の宗教に対する寛大な政策から、ユダヤ教、キリスト教、仏教にも寛容で、特にメソポタミア地域の民族宗教に対するゾロアスター教を国教とします。それにより、経典『アヴェスター』【＊11】が編纂されるなどして、伝統的なイラン文化が復活しました。

3世紀にはゾロアスター教・キリスト教・仏教などを組み合わせたマニ経【*12】(独自の救済宗教)が創始されます。しかしこの宗教は、時代の変遷とともに異端として弾圧されるようになり、地中海世界や中央アジアのウイグル人によって信仰されていきます。そして陸続として中国(唐)へも伝わっていきました。

❖――聖徳太子と聖域

話を聖徳太子に戻しますが、太子が生まれたといわれる正月一日は、年の変わりに神の子が生まれるというローマ神話にも関連し、また太陰暦における太子の忌日は太陽暦ではキリスト復活の時期に相当します。

つまり、太子の誕生と死に関わる伝承は、西アジアの宗教観の死と復活に、ゾロアスター教やマニ教、原始キリスト教、景教まで彷彿し、すべての宗教的行事と密接に関連しているのです。

❖──ユーラシア大陸の文化がそのまま日本に

ペルシャ最後にして最大のササン朝ペルシャ帝国が栄えた約400年間は、中国では後漢から隋・唐による統一までの時代で、周辺にはスキタイ遊牧民族が樹立した小国が群雄割拠《ぐんゆうかっきょ》し、匈奴から東西突厥が、さらに鮮卑《せんぴ》や北魏《ほくぎ》が北朝を樹立したように、北・東・中央アジアの遊牧民が中国本土でも活躍します。

スキタイ遊牧民族は馬との縁が深く、アラビア半島の遊牧民ベドウィンにより、厳格な血統管理のもとに改良が進められたアラブ種に乗っていました。アラブ系の人々は駱駝《らくだ》のイメージがありますが、実は馬を常時操っていました。

ゾロアスター教（拝火教）では、斑《ぶち》の動物が特に好まれ、太子の愛馬黒駒《くろこま》は烏斑《うはん》【＊13】であったという伝承があります。

さて、ペルシャのルーツを探っていきますと、メソポタミア文明までさかのぼり、さらに古代シュメールに到達いたします。

ここで興味深い話をいたしましょう。

7世紀の最極東には「水中で龍から生まれた」と自称する人物が2人存在します。また、古代シュメールの伝説では、彼らの祖先は龍から生まれたといいます。さてこの2人はいったいどんな人物なのでしょうか？　本文中にしっかり出てきます。

海神《ワタツミ》を祖とする人物と、自らを大海《おおあま》皇子と名乗った人物。そうです。神武天皇と天武天皇のことなのです。

❖――「和」の精神と聖徳太子

総括しますと、古代の日本は西域から北東アジア大陸を経緯し、さらに半島を経て日本列島に渡来した多くの民族からなる「多民族国家」だということになります。そしてやはり渡来した西突厥のテクノクラート聖徳太子なる人物が、列島内で小さなペルシャ帝国を築き、しかも日本列島の守護神である母なる聖獣「青龍」の化身として推古天皇を玉座に置き、日本初の「中央集権国家」を樹立させ、すべての民族が和合し、恒久的な平和の国を構築しようとしました。

日本國や日本人の根幹はこの「和の精神」和イズムがあり、我々日本人の遺伝子の中にしっかり宿っているはずです。

＊1【アイヌ新法】「アイヌの人々の誇りが尊重される社会を実現するための施策の推進に関する法律」（2019年施行）

＊2【北海道旧土人保護法】明治政府により1899年制定。アイヌの人たちを日本国民に同化させることを目的に、土地を付与して農業を奨励し、医療、生活扶助、教育などの保護対策を行った。「アイヌ文化の振興並びにアイヌの伝統等に関する知識の普及及び啓発に関する法律」の施行にともない廃止。

＊3【アイヌ】かつては北海道、樺太、千島列島に居住したが、現在は主として北海道に居住する先住民族。

＊4【三内丸山遺跡】青森市中部にある縄文時代前期中頃～中期の大遺跡。竪穴住居の他、土木工事痕跡など、多くの遺物も出土。

＊5【スキタイ人】前7世紀から前3世紀まで、黒海北岸の草原地帯に強大な遊牧国家を建設した遊

牧民。武器や車馬具を発達させ、動物意匠を愛好した。
＊6【天馬図】1973年に慶州・天馬塚で発掘された新羅の「天馬図」。
＊7【キャラバン】隊商。販売、宣伝のために隊を組んで各地を回ること。
＊8【秦の始皇帝】中国の初代皇帝。名は政。第31代秦王。列国を滅ぼして、前221年中国史上最初の統一国家を築き、自ら皇帝と称した。
＊9【フン族】4世紀から6世紀にかけて中央アジア、コーカサス、東ヨーロッパに住んでいた遊牧民。
＊10【パルティア】古代西アジアの王国。イラン系遊牧民の族長アルサケスが、前247年頃カスピ海の南東岸地方に拠って独立し、イラン、メソポタミアを支配。後226年ササン朝に滅ぼされた。
＊11【アヴェスター】ゾロアスター教の経典。頌歌《しょうか》律法、儀礼、神話などを集めたもの。
＊12【マニ経】ゾロアスター教を基本とし、キリスト教・仏教の要素をも加味したグノーシス宗教。善は光明、悪は暗黒という倫理的二元論の教理を根本とする。
＊13【烏斑】白と黒の斑《まだら》模様のこと。

第27章　幻の九桓連合《きゅうかんれんごう》

❖——軍事同盟

現在世界には加盟国全31か国（2023年5月現在）欧米諸国をメンバーとする集団防衛・集団安全保障組織NATO（北大西洋条約機構・北大西洋同盟）が結成されていますが、8世紀の東アジアにも同じような軍事同盟が存在したことをご存じでしょうか。

その名称を「九桓連合」と申します。

歴史学者でもその存在を知る知識人はおられません。聞き慣れない名称ですが確かに存在したのです。しかも極東日本の飛鳥にその拠点がありました。

❖——遣隋使《けんずいし》派遣

聖徳太子は大国・隋との共存の道を探る一方で、天皇を中心とする中央集権を確立するために、律令制【*1】の制定を急いでいました。

そのためにもまずは、隋との軍事衝突を回避しなければなりませんでした。そして随の皇帝煬帝《ようだい》に倭国（日本）の存在を明示する必要がありました。そのような背景にあって、太子は小野妹子を使者として派遣し、国書を持たせます。内容は有名な「日出づる処《ところ》の天子《てんし》、日没する処の天子に書を致す。つつがなしや」このことは『隋書《ずいしょ》』東夷伝《とういでん》に記されています。

さて、妹子は煬帝に国書を手渡し拝謁するも、煬帝が激怒したのは想像に難くありません。中華思想では、天子は皇帝ただ一人であり、他は王と名乗らせていました。それが、よりによって聞いたこともないような小国からの書簡に天子と記載され、しかも隋が日没する処とは……。

煬帝の怒りをおさめたのが、官史裴世清《はいせいせい》でした。裴世清は文林郎《ぶんりんろう》といった比較的官位の低い秘書官でしたが、後に煬帝の名代《みょうだい》として小野妹子と倭国に入国します。

本来であれば、そのまま倭国に軍事的進行をしてもよさそうなのですが、それがそんなに簡単に軍事介入できない事情が隋の煬帝にはありました。

話は少し変わりますが、ロシアによるウクライナ侵攻も、当時と同じような背景があると思えるのです。

現在（2023年5月）も戦火が絶えないロシアとウクライナですが、大国ロシア連邦共和国にウクライナが単独で対抗できるのは、NATOが非加盟国であるウクライナに対して「自衛する能力を高めるための支援」として、軍の組織改革の支援や訓練を通した人材育成、さらに加盟国による兵器の供与などを行っているからです。

煬帝の時代（7世紀）、隋や、後の唐を囲むように、準国家や小国のスキタイ国家が乱立し、群雄割拠していました。その中でも高句麗は隋に並ぶ軍事力を擁し、隋や唐にとっては眼下の敵だったのです。その高句麗と聖徳太子は密接な外交を結んでいました。仮に現在のウクライナが7世紀の日本（倭国）だと仮定するならば、隋はウクライナの宿敵ロシアになります。そして高句麗はNATOとなり、日本の後方支援を行います。高句麗と倭国は同盟を結んでいますが、それ以外にも、突厥や契丹、渤海《ぼっかい》の匈奴など、隋の周辺には、スキタイ民族国家も控えていたのです。では半島はどうかというと、百済は時流によって変転し、新羅は常に中国側にありました。

土台の弱かった倭国は、たえず中国からの侵略の危機にさらされていました。隋は琉球に水軍を送って王宮を占領し、数千人もの人質を連れ去っていたといいます。

外交の背景には必ず軍事が付きものです。逆にいえば、軍事力のない国家は対等の外交ができないということなのです。当時の日本（倭国）は確かに小国でしたが、太子の比類なき国際感覚と、他国との密接な軍事協定を樹立したからこそ、大国・隋に対等以上の外交ができた所以だったのです。

小野妹子は隋の時代でも後期になると蘇因高《そいんこう》の名で呼ばれ、裴世清と外交の手腕を発揮しています。

❖——古代高句麗の状況

古代極東アジアの覇者・高句麗は、数百年間休むことなく、中国王朝と抗争を繰り広げていました。

この頃の高句麗は現在の北朝鮮と旧満洲を包含する、質実剛健の気風の巨大な軍事王国でした。

中国を共通の敵とする中央アジアの民族とも、軍事的に同盟を結んでいましたし、朝鮮半島の最南部の伽耶《かや》とも文化的な共通点がいくつもあります。しかし多くの高句麗人は日本海を渡って、日本列島に渡来したのです。

スキタイ民族から多大な影響を受けて建国した高句麗は、中国の文化に対しても反発していました。

それが文字です。高句麗が独自の異体文字を使用したのもこのような意識のあらわれで、特に碑文などには多く使用されています。独立後の北朝鮮は、いちはやく漢字を廃止しています。

現在中華人民共和国と朝鮮民主主義人民共和国とは同じ共産思想で、ともに経済や軍事で協調しているかのように思われていますが、それはまったく違っており、中国は共産思想であっても、北朝鮮は主体思想（チェチュ）という、民族主義を標榜する国家体制なのです。北朝鮮にとっては聖地が大切になるのですが、大切な聖地の一部は、現在中国の一つの省となっています。その場所とは、吉林省集安市で、北朝鮮が平壌に遷都するまでは、高句麗の首都だったのです。

このことは今後の大陸と半島を理解する上で、非常に重要な意味を持ち、しいては日本列島の未来さえ左右する大きな歴史的事実になります。

❖——日本（倭国）最初の官寺・百済大寺《くだらのおおでら》

１９９７、１９９８年、奈良国立文化財研究所は、奈良県桜井市にある吉備池の地で発掘を行い、壮大な金堂跡と塔跡とを発見しました。発掘は２００１年まで継続され、舒明《じょめい》天皇が舒明十一年（６３９年）に建立した日本最初の官寺・百済大寺跡と判明しました。

寺跡発見地は、飛鳥盆地の北に横たわる香具山の東北１キロメートルほどの、磐余《いわれ》地域の中心地に近い場所にあります。

古代の磐余は、飛鳥に都が遷《うつ》る前の7世紀を中心に、歴代の天皇が宮殿を継続して営んだ場所だといわれています。

聖徳太子は、父、用明天皇の磐余池辺双槻宮《いわれいけのべのなみつきのみや》の「南上殿」で成長したために、その宮を「上宮《かみつみや》」といい、太子は「上宮廐戸豊《かみつみやのうまやどのとよ》聡耳太子《とみみのひつぎのみこ》」と呼ばれていたことはよく知られています。

百済大寺の沿革に関しては『日本書記』や『続日本紀』に記されていますが、中でも最も大切な箇所は、「百済川の側に九重の塔を立つ」とあり、着工以来4か月ほどで九重塔が完成したという記述です。

この九重塔があった寺は、時代の変遷と、時の天皇の擁護加護により、国の旗寺となっていくとともに、百済大寺・高市大寺《たけちのおおでら》・大官大寺《おおつかさのおおてら》と名称や場所を変えていくことになります。藤原宮大極殿と同規模の巨大な金堂と合わせて、国家鎮護を担った第一の寺院として威容《いよう》を示していました。天を衝く九重塔は、藤原京で一際目を引いたことでしょう。

天武天皇の時代では、百済大寺は高市（現奈良県高市郡）の地に移って、高市大寺と名を改めるのですが、さらに大官大寺と改名されます。「大官」とは天皇のことで、雷丘《いかずちのおか》（明日香村の雷のよく落ちる場所）とよく言われる「大官大寺」とは、天皇の大寺の意味です。つまり天武朝の象徴的筆頭官寺の寺格を有していたのです。

文武朝になると大官大寺は平城遷都とともに、三度目の移転を行いました。それに際して「大安寺《だいあんじ》」と改名し、かろうじて法灯を継いでいるにすぎません。『扶桑略記』【*2】には、文武天皇の在位中には造営工事がほぼ終了したと記載されています。

しかし平城京遷都の翌年の711年（和銅4年）、大官大寺と藤原京とが焼失したという謎の記事があります。その後に聖武天皇の勅願により、東大寺が建立されるのですが、それまでは大安寺は国立寺院の筆頭として南都《なんと》六宗《ろくしゅう》【*3】兼学《けんがく》の中心寺院だったのです。

この大火災により、金堂、講堂、塔、中門、回廊など主要伽藍が焼失したといわれ、この時点で金堂と講堂のみで、塔、中門は建設中であったといわれています。（『扶桑略記』より）ただ、天武朝の大官大寺と文武朝の大官大寺とは別の寺院だったのではないか、という説が近年浮上してきています。非常に興味深く、筆者も生涯の研究テーマとなっています。

❖——百済と新羅の九重塔

先の節で述べましたように、7世紀の中頃の一時期、磐余一帯が政治・文化の中枢地であったことが明確になっています。さらに、百済大寺は天武朝までは、中心的な寺院であり、奈良斑鳩の法隆寺や大阪の四天王寺など、聖徳太子縁の諸寺と密接な関わりがありました。

百済大寺が、聖徳太子が青年期までを過ごした磐余の地の近くに造営されたのは意義深いのです。

百済大寺創建は、太子の遺言や熊凝精舎《くまごりしょうじゃ》（熊凝道場）【＊4】に関わりが深いと考えます。

日本における6世紀末から8世紀初頭の寺院の塔は、一重塔、三重塔ないし五重塔でした。よって国内で九重塔が建立されたのは極めて異例なことです。

さて6・7世紀の中国、そして朝鮮半島の百済や新羅でも巨大な九重塔が建立されていました。

北魏の首都洛陽に孝明帝の母・胡太后の発願で建立された永寧寺《えいねいじ》。百済の武王【＊5】の創建した弥勒寺《みろくじ》。

そして『三国遺事《さんごくいじ》』【*6】巻三、『三国史記』巻五などに出てくる皇龍寺《こうりゆうじ》（ファンリョンサ）が有名です。

私は永寧寺跡、弥勒寺、皇龍寺跡などを見てきましたが、永寧寺の伽藍配置は大阪の四天王寺の祖形にもなっているそうです。

弥勒寺は全羅北道（チョルラプット）の益山（イクサン）市の平野部に残る、韓国の三国時代・百済《くだら》（ペクチェ）時代最大規模の寺院跡です。

なかでも私が関心を寄せるのが、善徳女王によって建立された皇龍寺の謂《いわ》れや伽藍の規模なのです。

『皇龍寺刹柱本記《さっちゅうほんき》』の碑文には、「皇龍に九層の卒塔婆《そとば》を立てれば、海東の諸国はすべてあなたの国に降るでしょう」と、円香《えんこう》禅師の言葉が彫られています。

つまり、九重塔は隣国隋や唐からの災いを鎮めるための塔だったのです。

そして、奈良県桜井市で発見された吉備池廃寺（百済大寺）の塔基壇の規模が、新羅皇龍寺の木造九重塔のそれと同規模で、ほぼ同時期に創建されており、皇龍寺九重塔の高さが約80・2メートルといわれますが、吉備池廃寺の九重塔も同じ80メートルあったのではないかと考察されています。

皇龍寺塔復元図（『新羅石塔研究』より）を見ますと、法隆寺の五重塔をはるかに超えた、威風堂々とした塔だということがわかります。

❖——引き継ぐ舒明天皇の功績

推古天皇の後を継いだ舒明天皇の時代に、九重塔を持つ百済大寺は完成されました。亡くなった聖徳太子の意志を継ぎ、強い国づくり、今でいう国防に貢献し、第一回遣唐使を派遣（630年）するなど、重要な役割を舒明天皇は担っていたのです。

そして、崩御された後は、奈良県桜井市忍坂にある八角形の段ノ塚古墳に埋葬されます。陵墓は宮内庁により舒明天皇の忍坂内陵《おさかのうちのみささぎ》に治定されており、天皇陵として築かれた日本で最初の八角墳といわれています。

その八角形といえば、思いあたるのが夢殿の八角造形です。これはペルシャゾロアスター教の建築様式です。不思議に思われる方もいらっしゃるかもしれませんが、実は『日本書紀』の白雉《はくち》（654年）の条《くだり》に、数年間倭国に滞在した「乾豆波斯達阿《げんづはしだちあ》」というトラカ人が登場します。トラカとは、アフガニスタン北部から旧ソ連にまたがる中央アジア地域のことで、「乾豆」とはアフラシャブの南東にあるクンドゥーズ【*7】で、「波斯」はペルシャ、「達阿」はダーライの音訳で、ササン朝ペルシャの王族を意味し、実に広範囲にわたる人や、文化、思想の交流が当時から行われていたことが推察されます。

聖徳太子も百済と積極的な外交をしていました。日本書紀に書かれている舒明天皇は、百済大寺を建立し、百済川のほとりに百済宮《くだらのみや》を建て、最後にはそこで亡くなり「百済の大殯《おおもがり》」をしたといわれています。

考察すると、この殯《もがり》が行われたということは、舒明天皇は百済の王であり中央アジア人だと思われます。さらに、書紀では斉明天皇として登場する皇后、百済の王妃・宝はペルシャゾロアスター教、つまり拝火教徒だったのです。

このように、舒明天皇の功績は歴史的にも深い意義があると思われます。

❖——九重塔の意味するもの

本書もいよいよ佳境に入ってきました。

‖談山神社に建つ十三重塔

九重塔の意味するものとは?

塔は基本的に一桁の奇数の数で建てられています。一重塔、三重塔、五重塔、七重塔、九重塔。まれに談山《たんざん》神社や、旧興福寺、旧笠置寺《かさぎでら》の十三重塔や、海外ではインドネシアバリ島のヒンドゥ教タマン・アユン寺院の十一重塔等がありますが、ストゥーパ（卒塔婆）ではなく、モニュメントの役割があります。塔は本来仏舎利（釈迦の遺骨）を納めた墓ですが、談山神社のように権力者の遺骨を納めるようにもなっていきました。

一重塔は禅でいうところの円相《えんそう》【*8】ですべてを包括する宇宙を象徴します。三重塔は「三《さん》位一体《みいったい》」（「父」「子」「精霊」）のキリスト教的な思想を表し、五重塔は陰陽五行【*9】や密教の宇宙観である、空・風・火・地・水（キャ・カ・ラ・バ・ア）の5元素を表現します。国分寺や旧相国寺、旧般若寺にみられた七重塔は、1週間が7日間で完成するように、人間の営みを1週間で区切ります。それは旧約聖書の『創世記』に記されています。それによると、神は人間に6日間働き7日目には休ませたとあります。つまりユダヤ教的な意味合いが含まれています。

さて問題の九重塔ですが、先の一重塔、三重塔、五重塔、七重塔はいずれも思想や宗教観からなっていますが、9は一桁の整数では最大の数で、迦波羅では最強の数字でもあります。そこで聖徳太子は、この最強数の力を借りて、九重塔の建立を計画しました。その意思は舒明天皇から天武天皇、さらに文武天皇へと受け継がれていきます。

❖——九桓連合と九重塔

私が古代東アジアの歴史を知る上で、座標的指針とする古代文献があります。それは文中にも出しました『三国遺事《さんごくいじ》』です。

これは13世紀末に高麗の高僧一然《いちねん》によって書かれた私撰の史書で、朝鮮半島における現存最古の史書でもある『三国史記』（1145年完成）に次ぐ古文献です。この文献内に九重塔と九桓の記述があるのです。

皇龍寺の「九重塔」は朝鮮半島から中国北東域さらに日本列島にわたる九桓の司令塔として、高句麗時代からあったと記されています。

九桓とは、日本（倭国）、中華（漢民族を除く）、呉越《ごえつ》、乇羅《たくら》（済州島）、鷹遊《ようゆう》（中国江蘇省東海海中の島にある山の名前）、靺鞨《まっかつ》、丹国《たんこく》（契丹）、女狄《じょてき》、濊《わい》・貊《はく》（中国東北地方東部から朝鮮半島、中部に住んだツングース系民族の9つの国や民族の連合の名称）でして、九重塔の第一層は日本、第二層は中華、第三層は呉越、第四層は乇羅、第五層は鷹遊、第六層は靺鞨、第七層が丹国、第八層が女狄、第九層が濊・貊（濊・貊には高句麗をはじめ突厥など）を意味します。

第1層が日本から始まり、第9層が高句麗や突厥で終わっています。つまり九重塔は日本を中心とした軍事連合の象徴だったのです。

＊1【律令制】大宝律令、養老律令に規定された諸制度。

＊2【扶桑略記】平安末期成立の歴史書。神武天皇から堀河天皇に至る間の漢文の編年史。叡山の僧皇円《こうえん》著。

＊3【南都六宗】奈良時代に成立した仏教の学派、宗派。三論《さんろん》、法相《ほっそう》、華厳、律、成実《じょうじつ》、倶舎《くしゃ》の6宗。

＊4【熊凝精舎（熊凝道場）】617年、聖徳太子が大和国熊凝（奈良県大和郡山市額田部）に創建した寺であり、学問道場でもあった。710年平城京左京六条四坊（奈良市大安寺町）に移建さ

れて大安寺と改称。南都七大寺の一つとして栄えた。
＊5【武王】百済の第30代の王。諱《いみな》は璋《しょう》。『隋書』には余璋の名で現れる。
＊6【三国遺事】朝鮮の史書。三国史記に漏れた事項などを集録。仏教説話が多く、風俗、地理などの資料を含む。
＊7【クンドゥーズ】アフガニスタン北部の都市。幹線道路によって、西のマザーリシャリーフ、南のカーブル、北のタジキスタンの国境と結ばれている。
＊8【円相】丸い姿、円形。禅で悟りの象徴として描く円輪。一円相。
＊9【陰陽五行】中国の春秋戦国時代頃に発生した陰陽説と五行説、それぞれ無関係に生まれた考え方が後に結合した思想。より複雑な事象の説明がなされるようになった。

第28章 総括 十七条憲法の真意

❖——陰陽道・修験道の陰陽

十七条の17の数字は決して偶然ではありません。

それには迦波羅《カバラ》の数秘が隠されています。中国で始まった「陰陽《いんよう》」の思想は、後に陰陽五行《おんみょうごぎょう》として整理体系化されていきます。それは単なる占いの類いではなく、森羅万象を司る根源的な宇宙のエネルギーを限りなく活用するというものです。

中国では風水《ふうすい》、四柱推命《しちゅうすいめい》、宿曜占星術《しゅくようせんせいじゅつ》として知られ、日本では平安時代より、陰陽道《おんみょうどう》や雑密《ぞうみつ》山岳宗教【*1】の修験道《しゅげんどう》、そして真言・天台の密教の占星・宿曜術として確立し、さらに、近年では九星気学《きゅうせいきがく》なる実践的な方術が発生しました。

❖——迦波羅の陰陽数秘術

西洋で発達した数秘術【*2】は数字を主体として運命を占っていきます。それと同じように、東洋の陰陽思想も数字によって表現されます。

陰陽道や修験道では、二分化できる偶数を陽とし、時に男として表し、割り切れない奇数を陰として、時に女で表します。がしかし迦波羅では奇数を陽とし、時に女を表し、偶数を陰として、時に男を表します。そこで、一桁の整数のうち9は陽の中で最も強い数とし、その9を反転した6は陰の中で最も強い数となります。一方、陰の中で最も弱い数が8で、最も強い9と組み合わせることで17となります。

迦波羅の数秘術の摩（魔）方陣では、縦・横・斜めの三枡《みます》の数字をすべて足した数が、それぞれすべて15になる三方陣を形成します。

これは天皇を中心とした君《きみ》と大衆の臣《おみ》との合一による和であり、天皇が民衆と不退転の和合を決意したものなのですが、それゆえに天皇は現人神《あらひとがみ》となり、人間とのへだたりを示した数字なのです。そうでなければ、9と6を合わせた合計15の魔方陣【＊3】でよいのです。9は九であり、九九《くく》は整数最大の九のゾロ目。これ以上最高にして最大の数字はありません。九と九が重なり合う「重陽《ちょうよう》」は、陽の女性が権力を握ることを表したものです。別名「菊籬《くくり》」は「高句麗《こくりょ》」とも言いあらわします。太子は倭国ではじめて女性を天皇とし、彼女を現人神（天照大御神）と祀り、最大最高の権力を持たせます。そして日本を世界的文化国家にするためにモデルとした国家は、中国ではなく、当時の先進国・ペルシャだったのです。

❖——美濃高賀《こうか》武藤氏の因縁

そもそも私が、迦波羅《かばら》を語ることにはいささか抵抗もありました。なぜならば、私自身、迦波羅なるものがいかなるものか、いまだにわからないのです。

ではなぜ私が、迦波羅の修法をしているのか？　その経緯をお話しいたしますと、高野山での修行も終盤にさしかかり、最後の加行《けぎょう》を終えた時のことでした。師（大阿闍梨）から、あることを告げられ、その因縁から迦波羅の修法を学ぶことになりました。

さてその因縁を語る前に、私の姓氏美濃の武藤氏《むとううじ》について述べなければなりません。

武藤氏の発祥の地は諸説あるものの、美濃洞戸《ほらど》村高賀地区（現在の岐阜県関市洞戸高賀）の武藤氏は、藤原氏《ふじわらうじ》の分派であり、藤原秀郷《ひでさと》【＊4】、藤原道長【＊5】の分家、藤原北家《ほっけ》の流れで、ゆえに藤原高光【＊6】とは深い縁《ゆかり》があり、武藤氏は美濃を本筋としている説があるようです（高賀神社第39代武藤三郎宮司談）。

❖――漢波羅衆は呪詛師《じゅそ》【＊7】であり暗殺集団

師いわく、武藤氏とは、藤原氏の武者所《むしゃどころ》を司る官職の豪族であると同時に、美濃の武藤氏の中には、戦勝祈禱を専門に行った祭祀の一族があり、彼らの中には、古神道の他に、迦波羅の修法を受け継ぐ漢波羅衆《かんばらしゅう》なる一団があったといいます。

その一団の中には、戦勝祈禱の他に、呪詛を執り行ったり、実際に暗殺したりする呪詛師の一族が存在し、美濃の柿原《かきばら》という地域には、それらの者が隠れ住んでいたというのです。亡くなった祖父が言っていました。「武藤家はもともと、柿原という村から高賀に来た」と。そこの古い住人は地元を「かんばら」と呼んでいました。今では限界集落どころか廃村となっていきます。蛇足ですが、私は先祖から受け継いだ柿原に、多少の山林を所有しております。

そのような理由もあり、師は私（武藤宗英）には迦波羅を継承する血脈があると言われたのです。

❖——美濃武藤家の隠された表と裏の定紋《じょうもん》

私の武藤家の家紋は「丸に下がり藤紋」ですが、実はもう一つの家紋も存在します。それが「丸に剣片喰《かたばみ》」なのです。丸に剣片喰の家紋は武藤氏では珍しく、まれに藤原秀郷流や清和源氏には見られるようです。

聞くところによりますと、古い家には複数の家紋があったといわれていますが、それは公式の家紋「定紋」と、それ以外を「替紋《かえもん》」・「別紋《べつもん》」・「副紋《ふくもん》」などと呼んで区別していました。しかし、当家武藤の場合は、二つの家紋が定紋なのです。つまり表の定紋が「丸に下がり藤紋」で、裏の定紋が「丸に剣片喰」。

ですから紋付《もんつき》の右胸元に「丸に下がり藤紋」の刺繍があり、左胸元に「丸に剣片喰」の刺繍といった、変わった定紋なのです。これは上から広がり、日本を統治下に置く、藤原氏の繁栄の旗印を藤の花で表し、下から地をはうように広がっていく武藤家の繁栄を片喰で表しています。このように陰陽が一体となっているのが、美濃の武藤家の一部の一族に伝わる家紋です。

❖――漢波羅衆と高賀神社

重要なことは、漢波羅衆のもとは、奈良葛城《かつらぎ》高賀茂《たかかも》氏《うじ》で、役小角《えんのおずぬ》【＊8】を祖とし、三重の信楽《しがらき》地域の甲賀《こうが》伊賀《いが》を経て岐阜の美濃に入り、特に甲賀は「こうか」とも呼ばれ、元は鹿深《かふか》が「こうか」と訛《なま》り、美濃では高賀《こうか》となったともいわれています。

美濃に入った高賀茂氏は、この地域に数多の社を建立しますが、中でも高賀神社を中心に、6か所に社を配置し結界を張りました。

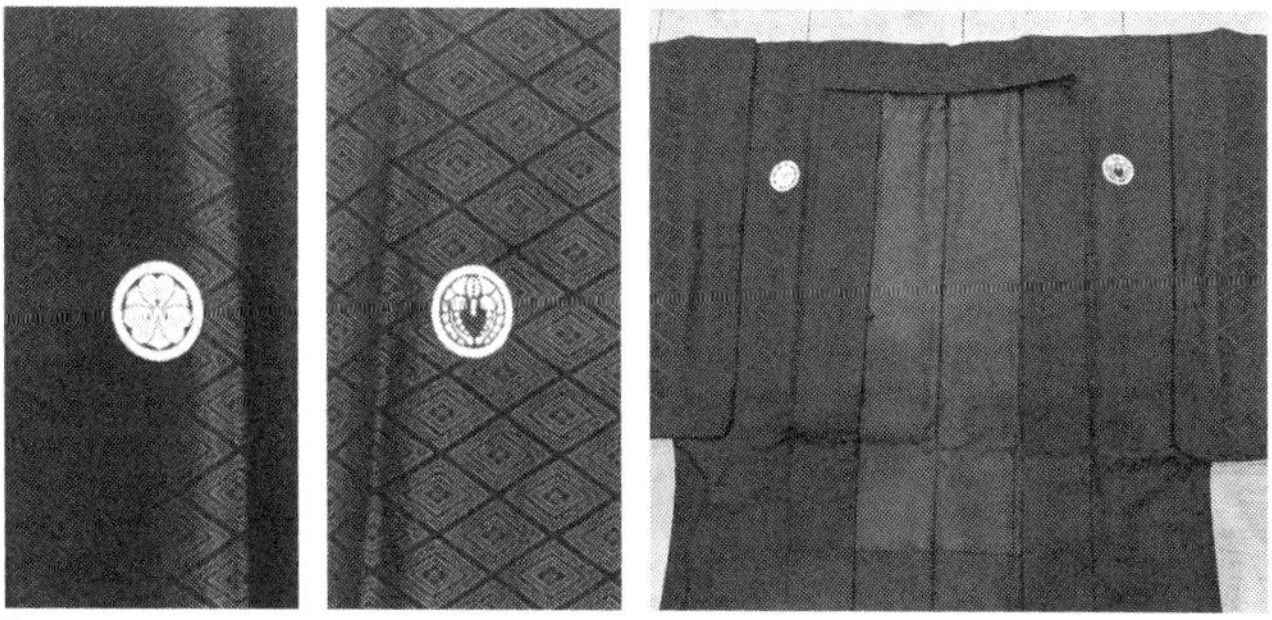

‖武藤家の紋付羽織

高賀神社の創建は奈良時代の養老年間（養老元年という説もある）とされ、言い伝えによれば、霊亀年間、高賀の地に光を放つ魔物が住み着いたため、朝廷は使者を派遣し、山の麓に二十三柱の神々【*9】を祀って祈禱を行なったところ魔物が退散したとされ、その後、この山は「秀でて高き故またためでたい」という意味で「高賀山」、神社は「高賀山大本神宮」と名付けられたそうです。

さらに平安時代の天暦年間、この地に頭が猿で、体が虎で、尾が蛇の姿をした、鵺《ぬえ》なる妖魔が住みつき、村人に危害を加えていることを聞いた朝廷は、藤原高光を派遣します。みごと、妖魔を退治した高光公一行は、高賀の神々のご加護で妖魔を射止めることができたことを喜び、無限無上の霊神と讃えて当宮を再建しました。また、日の神、月の神、善貴星神の三神を刻んで1か所にお祀りしました。藤原高光は後に、高賀山大本神宮大行事大神社と改名し再建した後、高賀山麓の6か所に高賀六社なる神社を建立されたと伝わっています。

一般的に高賀神社などと呼称されているものの、大本神宮大行事大神社と、実はとんでもなく位高き神社であったこと。しかし高賀神社の一番大切な場所は、本殿右側にひっそりと鎮座している小さなお社なのです。それこそ、日の神、月の神、星の神の三貴神を祀ったお社なのです。その証拠に月、星、太陽の印が刻まれております。

藤原高光が高賀六社を建立したといわれていますが、それは先に美濃に入った高賀茂氏創建の社であり、高光はそれを神社として再建したのです。

高賀六社とは、高賀神社、本宮神社、那比神宮神社、星宮神社、滝神社、金峰神社の六社をいいます。しかし私が高賀六社巡り【*10】を復興した際に気がつきました。高賀山（約1224m）の頂上付近には、大きな磐座があります。そこに鎮座しているのが、高賀神社の奥の院といわれる「峰稚児《みねちご》神社」です。

つまり高賀山は六社とはいうものの、峰稚児神社を合わせた高賀七社であり、北斗七星なのです。高賀は後に「虚空蔵菩薩」信仰が広まっていきます。

高賀七社は、朝廷の討伐隊、藤原氏の権力を行使するために再建されたもので、体制側に従わない卜部《うらべ》氏や忌部《いんべ》氏等、まつろわぬ民《たみ》を貶《おとし》めて、高賀茂氏に服従させるための結界だったと考えられます。

❖――師と迦波羅の関係

師いわく、迦波羅を駆使する集団のことを漢波羅衆といい、その一族の衆が代々美濃には在住したといいます。その一役を担ってきたのが、高賀神社の宮司（代々武藤氏が継承）です。歴代の宮司がそうであったか否かは不明ですが、少なくとも明治の頃まで、宮司の中には漢波羅衆が存在していたことは事実のようです。

さて前置きはこのくらいとして、実は師もその迦波羅の継承者の一人で漢波羅衆でした。師の出身地は岐阜県養老郡で、因縁は重なるものです。愛知県一宮市に生まれた私ですが、幼少期を過ぎてから両親の実家である岐阜県で生活し成長いたしました。

師は何かしらの縁で、高賀神社武藤宮司（第38代）から、迦波羅なる独特の修法を学んだといいます。そしてもう一人、同じ師から学んだ天台僧がおられました。その僧侶は京都の由緒ある寺院を復興され、さらに新しく宗派を立ち上げ、菅長となられたほどの人物です。

また、日本で神智学《しんちがく》【*11】を広めたともいわれます。現在は遷化されていますが、その僧侶もやはり岐阜県出身、しかも郡上八幡市の出身だそうです。郡上と洞戸は高賀三山【*12】をはさんで昔は隣村でした。

その僧侶の苗字は服部といい、師が聞くには、秦氏《はたうじ》の末裔であり、伊賀上野市の服部氏とは縁戚でもあり、徳川家康に仕えた上忍服部半蔵正成《じょうにんはっとりはんぞうまさなり》【＊13】と関係があったようです。

❖——師より受け継ぐ迦波羅の祈禱

瓢箪を使った迦波羅の祈禱

私が師から学んだ迦波羅の修法は、瓢箪《ひょうたん》を駆使する、とても奇妙奇天烈な修法です。密教系の一部には瓢箪を使った類似した祈禱がありますが、迦波羅の祈禱は、それとは一線を画したものです。

赤・白・黒、三つの瓢箪に「天魔《てんま》偈《げ》或《あるい》は魔界偈《まかいげ》」【＊14】の呪文を描き、その瓢箪を持ってさまざまな修法所作をいたします。

瓢箪は岐阜県養老郡の特産品です。太閤豊臣秀吉が馬印とした、金の千成《せんなり》瓢箪が有名ですが、この「養老」なる地名には、このようないわれがあります。

「孝子《こうし》源丞内《げんじょうない》のお話」

昔、元正《げんしょう》天皇の御時、美濃の国に貧しい男がいました。この男は山から薪《たきぎ》を取って来て、それを売って歳をとった父を養っていました。この父は、大変お酒が好きだったので、男は「ひょうたん」を腰につけていて、帰りにお酒を買ってきては父を喜ばせていました。ある日、山の中で苔の生えた石にすべって、うつむけにころんでしまいます。すると、どこからか酒の匂いがするので、ふしぎに思って辺りを見まわすと、石の間からお酒に似た水が湧いていました。汲んでなめてみると、たいへんおいしいお酒の味がします。男は喜んで毎日このお酒を汲んで持ち帰り、父を喜ばせていました。

このことはやがて元正天皇のお耳に入り、わさわざ養老へお越しになりました。そのお酒の出るところをごらんになって「これはこの感心な親孝行を神さまがおほめになり、お酒をお授けになったにちがいない」とおほめになりました。そして年号を「養老」とお改元になり「養老の瀧《たき》」と名付けられ、この男を「美源の守《かみ》」という役人にお取り立てになりました。

（一部修正引用：養老鉄道・養老駅前の記）

高賀神社の創建年は717年（養老元年）と高賀宮記録にあります。つまり高賀神社は、元正天皇が年号を養老と改められた時に創建されたのです。それらのことから、岐阜県養老の出身である師もまた漢波羅衆とは妙法だったのです。縁により高賀神社の宮司より迦波羅の修法を伝授され、武藤氏の漢波羅衆の血脈を知ることになります。

高賀山山頂での祈禱

そして、西国33か所観音霊場最後の結願寺、美濃谷汲山華厳寺で、私・武藤宗英と出会ったことにより、直伝としての迦波羅を授けることになったという、なんとも不可思議な因縁です。

さらに高賀三山の一つに瓢ヶ岳《ふくべがたけ》と呼ばれる、瓢箪に似た形の山があります。この瓢ヶ岳には伝承があります。藤原高光が虚空蔵菩薩（高賀山の本地仏）のご加護で妖魔を退治したという言い伝えです。高光公（如覚《にょかく》法師）は2024年の大河ドラマ『光る君へ』に登場する右大臣藤原師輔《もろすけ》【*15】の8番目の子で、父の死後、地位も妻子も捨てて比叡山で出家し、如覚法師になりますが、高光公も迦波羅の使い手、漢波羅衆の統領ではなかったかと推察できるのです。

❖——陰陽道と迦波羅の歴史

迦波羅のルーツを研鑽してみますと、中国であったり、古代の中近東にまで遡らなくてはならなくなるようですが、ここでは日本国内における迦波羅の歴史を考察してみます。

迦波羅を語る前に、「陰陽道」について説明します。学術用語として「陰陽道」と書いて「おんみょうどう」、「陰陽師」と書いて「おんみょうじ」などと読まれていますが、古代・中世ではこれを「おんようどう」「おんようじ」と読んでいました。この項では「おんみょうどう」、「おんみょうじ」で統一いたします。

『今昔物語集』巻24には、陰陽師を主人公とする説話が集められています。

公務で術を行う陰陽師を官人《かんにん》（かんじん）陰陽師といいますが、僧侶でありながら、陰陽祈禱を行う者を法師《ほっしん》陰陽師といったそうです。

そして、官人陰陽師の最高位を「陰陽頭《おんみょうのかみ》」といいます。また陰陽頭は表《おもて》の長《おさ》であり、裏の長を「漢波羅」といい、漢波羅は「迦波羅」という独特の呪法を行う集団、迦波羅の使い手「漢波羅衆」を率いていました。

11世紀には賀茂忠行《かものただゆき》【＊16】を宗祖とする陰陽道が体系化され、忠行の長男である賀茂朝臣保憲《かものあそんやすのり》（917〜977年）【＊17】率いる賀茂氏と、弟子の安倍朝臣晴明《あべのあそんせいめい》（921〜1005年）【＊18】率いる安倍氏の二大陰陽師が、朝廷を支配するようになります。しかし本来の始祖は右大臣に出世した、奈良時代の文人吉備真備《きびのまきび》【＊19】であるとされています。

‖岡山県・吉備真備公園の像

❖――迦波羅はやがて修験道となる

吉備真備が日本に持ち帰ったといわれる、中国古代の神、泰山府君《たいざんふくん》は、死者の霊が集まる場所とされる泰山を統治する、冥界魔道の最高神であるといわれる「道教」の神で、すなわち、吉備真備は日本に道教を持ち込んだのです。

賀茂氏は暦道を操る暦の専門集団に対して、安倍氏は天文道を駆使する集団となっていきます。平安後期になると、専門に朝廷の吉凶を占う吉田神道《よしだしんとう》【＊20】が出できます。言い換えれば、表を仕切る陰陽頭が安倍晴明であるならば、裏を仕切る陰陽頭が賀茂保憲だともいえます。

賀茂氏の修法は、式占《しきせん》【＊21】、奇門遁甲《きもんとんこう》【＊22】、宿曜道【＊23】等を主《おも》とするため、「陰陽」の摂理より、呪術的な傾向にありました。賀茂氏は後世に修験道の開祖とされる役小角を輩出した一族なのです。

❖――呪禁師《じゅごんし》と錬金術師

呪禁師とは聞き慣れない言葉ですが、いわゆる道教の道士《どうし》などが駆使する術法によって、病気治療や予防をする術者です。

まず道教とは中国独自の宗教で、大陸から朝鮮半島へ経由し、日本に伝播されたものです。また道教の司祭者のことを道士《どうし》と呼びます。

『日本書紀』によれば、陰陽道に関わる他の術法と同様、「呪禁師」なる日本版道士が、さまざまな呪術を用いたといわれます。

「大宝律令《たいほうりつりょう》」の注釈書で、738年（天平10年）頃に編纂された『古記』によると、呪禁師・韓国連《からのくにむらじ》の術法は、「道士法」と認識されていました。この韓国連広足《ひろたり》の師こそが、後に修験道の祖となる役行者こと役小角なのです。

中国の道教では、服用すれば不老不死を得る（あるいは仙人になれる）という霊薬（仙丹）を作る術として錬丹術（煉丹術）があります。それは後に錬金術※と呼ばれ、それらの技術や知恵を持ったものを錬金術師と呼ぶようになりました。

役小角が日本の山々の山岳霊場を開き、山岳信仰の礎を築いた理由の一つには、この錬丹術が影響していることは確かです。そして道教と雑密的陰陽道を融合させ、陰陽道とは似て非なる修験道を開宗するに至るのですが、これこそが日本版迦波羅なのです。

師は生前言っておりました。「修験の術法には天地万物を司る、宇宙の大原則が刻まれている。それを漢波羅衆は密かに継承してきた。迦波羅とは自然（宇宙）と人間が一体となる修行、それこそ修験道なのだ」と。

※錬金術は、最も狭義には化学的手段を用いて卑金属から貴金属（特に金）を精錬しようとする試みのこと。広義では、金属に限らずさまざまな物質や人間の肉体や魂をも対象として、それらをより完全な存在に錬成する試みを指す。［中略］古代〜中世にわたって原始的な科学の試行錯誤を行った技術・哲学・宗教思想・実利追求などの固まりとされる。
（引用：フリー百科事典・Wikipedia「錬金術」）

❖——迦波羅と陰陽道を最大限に利用した天武天皇

彼らの術を最大限に活用した歴史上の人物がいます。その人物こそ、律令国家を成しとげた天武天皇です。

大海人皇子《おおあまのみこ》、後の天武天皇は、兄の天智天皇【＊24】に疎まれて、奈良県の吉野に逼塞《ひっそく》しましたが、天智の息子、大友皇子《おおとものみこ》が、挙兵するという情報をつかみます。そこで大海人皇子は、尾張氏を中心とした豪族の導きにより、吉野を脱出して東国に向かう途中、伊賀の山中で黒雲を見ます。その時、大海人皇子は陰陽の天文術を使い、式盤《しきばん》を回す「式占遁甲式」を用いて占った結果、大友皇子と戦い勝利する確信を得て、従者たちを鼓舞しました。軍勢は、美濃国は垂井で態勢を整え、近江に陣を張っていた大友勢へ一気に向かい勝利します。これが日本古代史上最大の内乱といわれる壬申の乱（672年）と呼ばれるものです。

陰陽を熟知する天武天皇は、その重要性と危険性から、陰陽寮《おんみようりよう》【*25】を造営し、中央集権国家の集大成である、律令国家を建設したのです。

当時、卜占をはじめとする神事・祭祀を執り行うのは、天皇の重要な役割でした。それが王権の発展とともに、天皇の役割は分掌《ぶんしよう》降下していき、やがて祭祀等は有力な豪族が担うようになっていきます。その豪族の頂点に君臨したのが藤原氏なのです。藤原氏は、旧豪族である卜部氏や忌部氏の祭祀を吸収統合し、藤原氏の繁栄を築き、裏で天皇家を操ってきました。

❖――迦波羅の数秘術と修法

表の陰陽道では、「5」の陽数の五芒星《ごぼうせい》ペンタグラムを冠し、五行相克（木・火・土・金・水）セーマンの星形の印を手刀で結び、陰陽五行を表現しますが、裏の漢波羅では「6」の陰数で、六芒星《ろくぼうせい》ヘキサグラムを冠し、主に「臨・兵・闘・者・皆・陣・列・在・前」の、格子状の印をドーマン十字に切ります。この「九字護身法」は、道教の六甲秘呪という九字の作法が、日本独自の修験道や陰陽道に混在した作法なのですが、「漢波羅衆」は、主にこの九字を駆使します。

イスラエルでは、五芒星を「ダビデの星」と呼び、六芒を「ソロモンの星」などと呼びます。ちなみに、アメリカ合衆国のワシントンＤＣにある国防総省はペンタゴンといい、五角形の形状をしていますが、地下深くには六角形のヘキサゴンなる施設があるのではないか、などと、まことしやかに囁かれているようです。

六芒星を国旗としているイスラエルは、上下の三角形が組み合わさった構造をしていますが、実はこの「3」なる数字は、数秘学を魔法陣化した数秘術にとって、とても重要な数字を意味します。それはすべての宗教の根源的数字「三位一体」を表すとともに、「3」の倍数「6」と「3」の2乗数「9」は、形を見ると逆転の数字であり、一桁の数字では唯一合わせ鏡となっています。また「6」と「9」は渦を表して、内渦・外渦の形とも表現されています。つまり、漢波羅では、「6」と「9」のこれこそが陰陽を具現化した数字だと考え、「漢波羅」のすべての修法の基礎となっています。

「七五三」という行事が、昔から日本にはありますが、これはもともと、道教にルーツを持ち、やがて陰陽の儀式となりました。子どもは3歳、5歳、7歳になった時に神社へ詣でますが、これらの数字をすべて合わせて15歳となり、人間は15で完成されると考えられ、昔は男女ともに元服（はやくは12歳から16歳内）をしたものでした。

先ほどもお話ししましたが、「魔法陣」は1から9までの数字を3×3の枡目に埋めて、縦横斜めの3つの数字を足した合計が、すべて同じになるようにします。ですから3は基本となる数字なのです。

＊1【雑密山岳宗教】真言密教や天台密教が成立する前に、奈良時代にはあったという、初期の密教。呪術的な要素が多く、祭祀宗教であるバラモン教のマントラの影響を強く受けている。修行は山の祖霊を信仰する山岳信仰に基づいている。

＊2【数秘術】古代ギリシャの数学者・ピタゴラスによってまとめられ、体系化された数の神秘を占術に用いたもの。カバラ数秘術はその代表であり、歴史が最も古い。

＊3【魔方陣】自然数を縦、横に同数だけ並べ、その縦、横、斜めに並ぶ数の和がいずれも等しくなるようにしたもの。方陣。
＊4【藤原秀郷】武勇に長じ、軍略に優れた平安中期の武将。栃木県佐野市の唐沢山に関東七堅城の一つと言われた城を構えたという伝承がある。940年（天慶3年）に平貞盛とともに平将門の乱を平定。その功績により、下野・武蔵2か国の国司と鎮守府将軍に叙せられ、勢力を拡大する。
＊5【藤原道長】平安時代中期の公卿。藤原北家、藤原兼家の五男。4人の娘を次々と天皇家へ入内させ、後一条天皇・後朱雀天皇・後冷泉天皇の外戚となることで権力を得る。摂関政治と藤原氏の最盛期を作り上げた。仏教に帰依し、晩年は自らが建立した法成寺で、西方浄土を願いながら往生したといわれている。
＊6【藤原高光】平安時代中期の貴族・三十六歌仙の一人。藤原北家、右大臣・藤原師輔の八男で母は醍醐天皇の皇女雅子内親王。961年（応和元年）若くして比叡山延暦寺の延暦寺横川で出家。法名は如覚（にょかく）出家から多武峰に草庵を営むまでを描いた作品に『多武峯少将物語』がある。
＊7【呪詛師】恨みに思う相手に災いが起こるよう神仏に祈願したり、まじないや呪いを行う者。
＊8【役小角】奈良時代の山岳呪術者。修験道の祖。大和葛城山で苦行修道し、吉野の金峰山（きん

ぷせん）大峰を開く。1799年（寛政11年）役行者一千百年御遠忌に際し、その威徳を称え、光格天皇より「神変大菩薩（じんべんだいぼさつ）」の謚号（しごう）が授けられる。

＊9【二十三柱の神々】国常立尊（クニトコタチノミコト）、天御中主尊（アメノミナカヌシノミコト）、国狭槌尊（クニサズチノミコト）、豊斟淳尊（トヨクムヌノミコト）、泥土煮尊（ウイジニノミコト）、沙土煮尊（スイジニノミコト）、大戸道尊（オオトジノミコト）、大戸辺尊（オオトベノミコト）、面足尊（オモダルノミコト）、吾屋惶根尊（アヤカシコネノミコト）、伊弉諾尊（イザナキノミコト）、伊弉冉尊（イザナミノミコト）、大日孁貴（オオヒルメノムチ）、天忍穂耳尊（アメノオシホミミノミコト）、瓊瓊杵尊（ニニギノミコト）、彦火火出見尊（ヒコホホデミノミコト）、鸕茸草茸合尊（ウガヤフキアエズノミコト）、素盞嗚尊（スサノオノミコト）、太玉命（フトタマノミコト）、天児屋命（アメノコヤネノミコト）、猿田彦命（サルタヒコノミコト）、金山彦尊（カナヤマヒコノミコト）、日本武尊（ヤマトタケルノミコト）

＊10【高賀六社巡り】高賀山を主峰とした高賀山脈には瓢ケ岳、今渕ケ岳、片知山と峰々が連なりそれらの山の麓にある六つの神社（高賀神社、新宮神社、那比新宮神社、星宮神社、瀧神社、金峰神社）を尾根伝いに1日で歩いて巡る苦行のこと。

＊11【神智学】異常な神秘的体験や特別な啓示によって、通常の信仰や推論では知りえない、神の内奥の本質や行為についての知識を持つという哲学的、宗教的思想の総称。新プラトン派、グノ

ーシス派、ドイツ神秘主義などがある。

＊12【高賀三山】岐阜県郡上市と関市にまたがる越美山地東部の高賀山と南東の瓢ヶ岳、南の今淵ヶ岳の三山。

＊13【上忍服部半蔵正成】戦国時代から安土桃山時代にかけての三河の武将。初陣にして戦功を挙げたことに徳川家康は感心し、目見（めみえ：領主や将軍と対面できる身分）の立場となり、家康16将の一人に数えられる。

＊14【天魔偈或は魔界偈】涅槃経の中にある一文。
天魔外道皆仏性（てんまげどうかいぶっしょう）
四魔三障成道来（しまさんしょうじょうどうらい）
魔界仏界同如理（まかいぶっかいどうにょり）
一相平等無差別（いっそうびょうどうむしゃべつ）
魔物も極悪非道な者も皆仏性を宿しているものだ。四魔（五蘊魔、煩悩魔、死魔、天魔）三障（報障、業障、煩悩障）から悟りに至ることもある。魔物と仏の世界も理は同じであり、その姿や性質は違えど真相は平等で差別はない。

＊15【藤原師輔】平安中期の貴族。通称九条殿。子の兼通、兼家、孫の道長が関白を継承し、摂関家の祖となる。

＊16【賀茂忠行】平安時代前期から中期にかけての貴族・陰陽家。安倍晴明の師とされる。陰陽の術に優れ、天文道・暦道・陰陽道の三部門を掌握し、陰陽家・賀茂氏を確立し、時の帝から絶大なる信頼を得た。

＊17【賀茂朝臣保憲】平安時代中期の貴族・陰陽家。賀茂忠行の長男。安倍晴明の兄弟子。陰陽道における達人で、陰陽頭《おんようのかみ》・天文博士・暦博士・主計頭《かずえのかみ》・穀倉院別当を歴任、造暦宣旨、従四位に叙せられた。保憲の残した『暦林《れきりん》』は現代においても旧暦を読む際の重要な資料となっている。

＊18【安倍朝臣晴明】平安時代の陰陽師。鎌倉時代から明治初頭まで、陰陽寮を統括した安倍氏流土御門家の祖。賀茂忠行・保憲父子を師として天文道・陰陽道を学び、天文密奏《てんもんみっそう》、天皇・貴族の陰陽道諸祭や占いに従事した。その占験《せんけん》の能力についての神秘的な伝説が数多く伝えられている。唐へ渡り、城刑山にて伯道仙人の神伝を受け継ぎ、日本独特の陰陽道を確立した。

＊19【吉備真備】奈良時代の官人、文人。下道《しもつみち》氏の出身。717年（養老元年）遣唐留学生として唐へ渡り「唐礼」などを持ち帰る。橘諸兄《たちばなのもろえ》に重用されたが、後に九州に左遷。恵美押勝《えみのおしかつ》の乱平定に貢献し、正二位右大臣に累進。

＊20【吉田神道】神道の一派。室町後期に京都吉田神社の祠官吉田兼倶が唱道、仏教、儒教、道教などを融合し、日本固有の神道を主張。卜部《うらべ》神道ともいう。

＊21【式占】占いの一種。占うにあたって計算を行うときに、式盤あるいは栻《ちょく》と呼ばれる簡易な器具を使用するのが特徴。代表的な式占には、太乙《たいいつ》式、遁甲《とんこう》式、六壬《りくじん》式があり、これらをまとめて三式と呼ぶ。

＊22【奇門遁甲】中国古代の占術の一種。遁甲盤によって占う。もと軍事に用い、後に広く帝王の術とされた。

＊23【宿曜道】インドに由来する天文暦学を使用した術。宿曜経を経典とし、星の運行を人の運命と結びつけて吉凶を占う。仏教にともなって日本に輸入され、平安中期以降広く行われた。

＊24【天智天皇】飛鳥時代の第38代天皇（在位６６８〜６７１）。即位前の名は中大兄皇子《なかのおおえのおうじ》。６４５年大化の改新で中臣鎌足《なかとみのかまたり》らと蘇我氏を倒す。日本初の全国的な戸籍「庚午年籍《こうごねんじゃく》」を施行して人民を把握するとともに、大量の兵の動員を可能にした。また「氏姓制度」を廃止して中央集権国家作りを進めた。

＊25【陰陽寮】律令制において中務省に属する組織の一つ。暦をつくる技官の他にも、吉凶を占う、土地の良し悪しを判断する、時刻を計るといった職務があり、陰陽師も所属していた。８〜９世紀を通じて祭祀、その他の呪術にまで職域を広げた。

エピローグ

この度、株式会社ヒカルランドより、出版のお話をいただきました。この経緯には、故中西研二（ケビン）先生【＊1】によるひとかたならぬご縁が元で頂戴した賜物です。

御高名な僧侶の方や、著名な方々が数多く御社から出版されている中で、わたくしのような無名且つ世に憚る愚僧の本など、少数の購読にしかならないと懸念を申し上げたのですが、石井代表ご夫妻の温情により、出版となりましたことを、心より感謝するとともに、謹んで御礼申し上げます。

また、編集担当者におかれましては、度重なる延期を快よくお引き受けくだされましたことも、重ね重ね感謝申し上げる次第です。さらに資料や文章の作成にご協力いただきました吉本氏へも感謝を申し上げます。ありがとうございました。

遅ればせながらも、一旦原稿を書き上げた日にちが十七日。故意に聖徳太子の十七条憲法に肖《あやか》った訳ではないのですが。

またこの日、偶然立ち寄った銀座・和光において、ペルシャ絨毯フェアが開催されており、昨年の祇園祭で196年振りに復活した山鉾「鷹山」の装飾に、ペルシャ絨毯が使用されている写真を目にいたしました。今で言うシンクロなのかもしれませんが、不思議なご縁を感じます。また、本書が令和6年辰年に発刊されることになりましたのも、〈妙法〉【*2】だと言わざるを得ません。

合掌

釈 正輪　九拝

---

*1【中西研二（ケビン）先生】1948年生まれ。新聞記者、セールスマン等さまざまな職業遍歴の後、1993年に夢の中でヒーリングを伝授される。亡くなる直前の2021年9月末まで

に、ケビンが生涯でヒーリングを行った人数は、世界中で約23万人。ヒーリングを教えた人の数は8千人を超える。驚異のヒーラー。

＊2【妙法】妙法（梵：Saddharma）とは、『妙《みょう》法《ほう》蓮《れん》華《げ》経《きょう》』の最初の頭2文字の言葉で、深遠微妙（しんえんびみょう）なる教え。「妙」は「宇宙」そのもので、宗教的表現でいうなれば神聖なる絶対無比の意味。「法」とは、釈迦の悟った真理を表し「永遠の真実」ともいえる、すべての理《ことわり》は人智を超えたところにあるという意味。

参考・引用文献

『日本語とタミル語』大野晋（新潮社）
『末法得脱への諸論』久米原恒久（印度學佛教學研究・1986年35巻1号）
『法滅尽経』由木義文（大蔵出版）
『封印された釈迦の秘予言』福島裕鳳（日本文芸社）
『日本佛教史3 近世・近代篇』家永三郎・赤松俊秀・圭室諦成監修（法藏館）
『「天皇」号成立推古朝説の系譜 もう一つの邪馬台国論争的状況』千田稔（日本研究・2007年5月35）
『古代東アジアの国家と仏教』田村圓澄（吉川弘文館）
『和漢三才図会 6』寺島良安編・島田勇雄・竹島淳夫・樋口元巳訳注（平凡社）
『陽炎《かぎろい》の飛鳥』上垣外憲一（アートヴィレッジ）
『古代からの伝言・日出づる国編』八木荘司（角川書店）
『斑鳩の白い道のうえに』上原和（講談社）
『聖徳太子1』梅原猛（集英社）

『聖徳太子の悲劇』豊田有恒（祥伝社）
『興亡古代史』小林惠子《やすこ》（文藝春秋）
『聖徳太子の正体』小林惠子（文藝春秋）
『古代天皇家と日本正史』中丸薫（徳間書店）
「最初の官寺・百済大寺と東アジア」木下正史（東アジアの古代文化・２００５年１２２号）
『飛鳥幻の寺、大官大寺の謎』木下正史（ＫＡＤＯＫＡＷＡ）

島根県公式観光情報サイト・しまね観光ナビ「古事記の神話」／「イザナキとイザナミ」
https://www.kankou-shimane.com/shinwa/shinwa/1-0/index.html
仏教用語解説サイト：WikiArv「正像末和讃」悲歎述懐（94）から（96）
http://labo.wikidharma.org/index.php/%E6%AD%A3%E5%83%8F%E6%9C%AB%E5%92%8C%E8%AE%83
一般社団法人ＤＥＧＡＭ鶴岡ツーリズムビューロー・つるおか観光ナビ／「羽黒山」
https://www.tsuruokakanko.com/spot/161
ナショナルジオグラフィック日本版２０１５年１月号紹介記事

https://natgeo.nikkeibp.co.jp/nng/article/20141219/429328/

ｗｅｂサイト・高賀癒しの郷「高賀神社」／「高賀宮記録」

http://www.horado.com/kouka/miyakiroku.html

フリー百科事典・Wikipedia

「菊理媛神」

https://ja.wikipedia.org/wiki/%E8%8F%8A%E7%90%86%E5%AA%9B%E7%A5%9E

「高賀神社」

https://ja.wikipedia.org/wiki/%E9%AB%98%E8%B3%80%E7%A5%9E%E7%A4%BE

「錬金術」

https://ja.wikipedia.org/wiki/%E9%8C%AC%E9%87%91%E8%A1%93

釈正輪（しゃくしょうりん）
眞日本龢法（まことのやまとわほう）宗家。
宗教の真髄と、仏法の真理を説くことを使命とし、日本の正史の研鑽から、実践的な日本文化の復興に尽力する孤高の僧侶。各国の宗教指導者並びに、国家元首との交流があり、恒久平和の活動をする。

釈正輪オフィシャルサイト
http://www.syakusyorin.com

釈正輪オフィシャルブログ
自灯明寺
https://ameblo.jp/syakusyorin/

講話会へのご参加はこちらから
（シャムロッククリエイティブ）
http://www.shamrock-creative.com

漆黒の闇の羅針盤

目覚めよ日本人

日出ずる國の再生は正史にあり

第一刷　2024年4月30日

著者　釈正輪

発行人　石井健資

発行所　株式会社ヒカルランド

〒162-0821 東京都新宿区津久戸町3-11 TH1ビル6F
電話　03-6265-0852　ファックス　03-6265-0853
http://www.hikaruland.co.jp　info@hikaruland.co.jp

振替　00180-8-496587

本文・カバー・製本　中央精版印刷株式会社

DTP　株式会社キャップス

編集担当　遠藤美保

ISBN978-4-86742-324-0

みらくる出帆社
ヒカルランドの

ITTERU
BOOKS
イッテル本屋

ヒカルランドの本がズラリと勢揃い！

みらくる出帆社ヒカルランドの本屋、その名も【イッテル本屋】手に取ってみてみたかった、あの本、この本。ヒカルランド以外の本はありませんが、ヒカルランドの本ならほぼ揃っています。本を読んで、ゆっくりお過ごしいただけるように、椅子のご用意もございます。ぜひ、ヒカルランドの本をじっくりとお楽しみください。

ネットやハピハピ Hi Ringo で気になったあの商品…お手に取って、そのエネルギーや感覚を味わってみてください。気になった本は、野草茶を飲みながらゆっくり読んでみてくださいね。

〒162-0821 東京都新宿区津久戸町3-11 飯田橋 TH1ビル7F　イッテル本屋

ヒカルランド　好評既刊！

地上の星☆ヒカルランド　銀河より届く愛と叡智の宅配便

霊肉創造の神ドラマ
【オアスペ全訳 第1巻】
宇宙創成、人類誕生から紀元前約3950年まで
自動書記：ジョン・ニューブロー
監修：秋山眞人＋布施泰和
翻訳：福永裕史
Ａ５ソフト　本体 6,000円+税

霊的上昇の神オペラ
【オアスペ全訳 第２巻】
紀元前約3950年から紀元後約1450年まで
自動書記：ジョン・ニューブロー
監修：秋山眞人＋布施泰和
翻訳：福永裕史
Ａ５ソフト　本体 6,000円+税

第３の復活とエーテリア
【オアスペ全訳 第３巻】
紀元後約1450年から現在、未来へ
自動書記：ジョン・ニューブロー
監修：秋山眞人＋布施泰和
翻訳：福永裕史
Ａ５ソフト　本体 6,000円+税

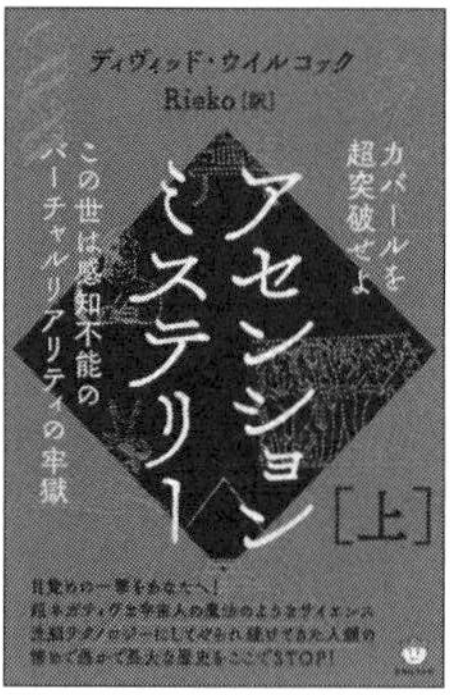

カバールを超突破せよ
アセンションミステリー［上］
著者：ディヴィッド・ウイルコック
訳者：Rieko
四六ソフト　本体 2,500円+税

軍事宇宙プログラムの最高機密へ
アセンションミステリー［下］
著者：ディヴィッド・ウイルコック
監訳：テリー宮田
監修：海野いるか
翻訳：大津美保、小林大展、Nogi
四六ソフト　本体 3,000円+税

ヒカルランド　好評既刊！

地上の星☆ヒカルランド　銀河より届く愛と叡智の宅配便

日月神示、マカバ、フラワーオブライフ
宇宙の最終形態「神聖幾何学」のすべて
著者：トッチ＋礒 正仁
四六ハード　一の流れ～六の流れ　本体 2,000円+税
七の流れ～十二の流れ　本体 2,200円+税

宇宙の法則・神聖幾何学の真実にたどりついたトッチ氏の大人気セミナーを書籍化。地球大変容の時代に必要な神なる学問・動いたものだけがたどりつける「立体」神聖幾何学のお話。読む人の進化・深化・神化にあわせ、開くたびに受け取れる情報が変わる、不思議で面白い本です！

ヒカルランド　　好評二十一刷！

『完訳 日月神示《ひつきしんじ》』ついに刊行なる！　これぞ龍神のメッセージ!!

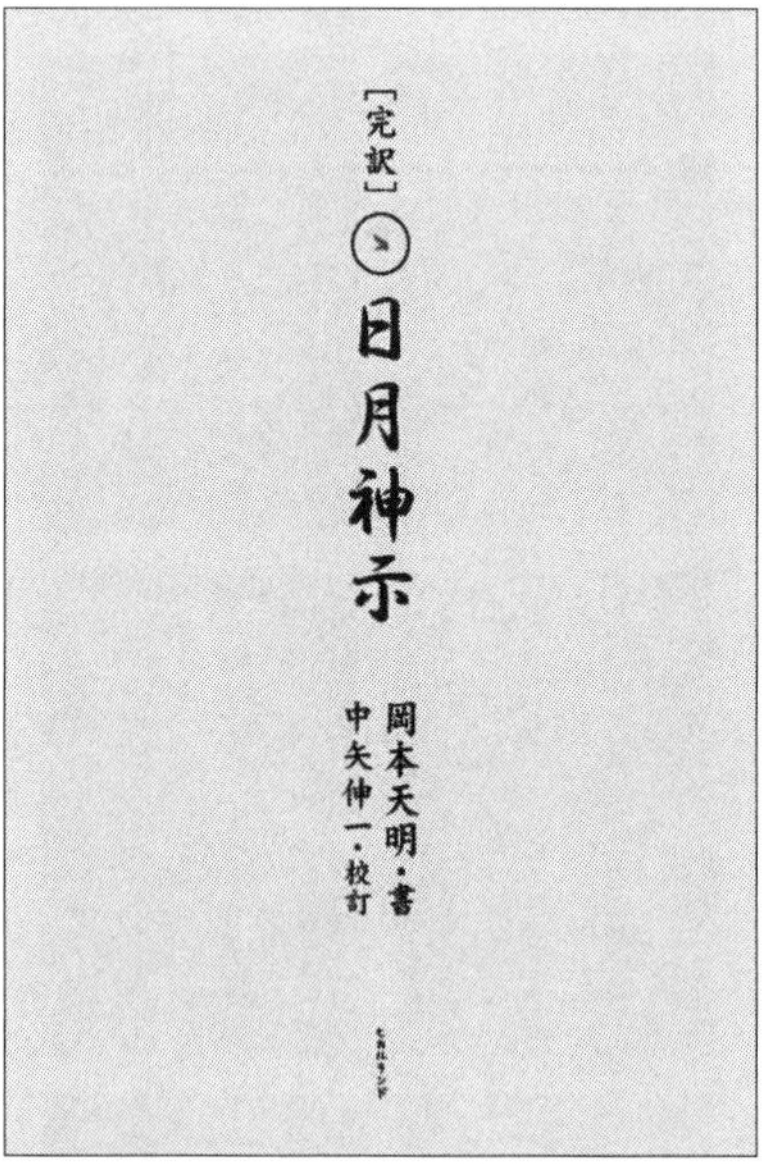

完訳　日月神示
著者：岡本天明
校訂：中矢伸一
本体5,500円＋税（函入り／上下巻セット／分売不可）

中矢伸一氏の日本弥栄の会でしか入手できなかった、『完訳　日月神示』がヒカルランドからも刊行されました。「この世のやり方わからなくなったら、この神示《しるし》を読ましてくれと言うて、この知らせを取り合うから、その時になりて慌てん様にしてくれよ」（上つ巻　第９帖）とあるように、ますます日月神示の必要性が高まってきます。ご希望の方は、お近くの書店までご注文ください。

「日月神示の原文は、一から十、百、千などの数字や仮名、記号などで成り立っております。この神示の訳をまとめたものがいろいろと出回っておりますが、原文と細かく比較対照すると、そこには完全に欠落していたり、誤訳されている部分が何か所も見受けられます。本書は、出回っている日月神示と照らし合わせ、欠落している箇所や、相違している箇所をすべて修正し、旧仮名づかいは現代仮名づかいに直しました。原文にできるだけ忠実な全巻完全バージョンは、他にはありません」（中矢伸一談）